女學生たちのプレーボール

戦前期わが国女子野球小史

新版

竹内通夫
Michio Takeuchi

あるむ

まえがき

今日、わが国の野球熱は国民的スポーツといってもよいくらい盛んである。下は幼児の野球教室から小学生、中学生、高校生、大学生、社会人、プロ野球に至るまで軟式、準硬式、硬式野球人口は大きなものがある（野球人口男子三五一万人（十代男子一二二万人、二〇代以上男子二二九万人）、女子四三万人（十代女子十六万人、二〇代以上女子二七万人）（「笹川スポーツ財団」二〇二一・二〇二二年調査））。

しかし、国際的にみると野球の盛んな国は多くはない。野球の歴史は、サッカー（フットボール）やラグビーの歴史に比べると浅く二〇〇年に満たない。

ではなぜわが国で野球が盛んになったのであろうか。これ自体が一つの大きなテーマであるが、次のように考えることはできないであろうか。

一つは、明治の初めにわが国に野球がもたらされた時、先ず学校教育の中に取り入れられたことが大きな理由である。

第一大学区第一番中学校（現在の東京大学）で英語や数学を教えていたH・ウィルソンが学生に「ベースボール」を教えたことが大きな影響を与えた。

そして明治二〇年代から三〇年代にかけて燎原の火のごとく全国的に普及していった背景には、全国の中学校、高等学校の部活動に取り入れられたことが大きな要因である。

「ベースボール」は用具（野手のグローブ、キャッチャーミット、ファーストミット、軟式ボール、ベース、マスク、バットネット、ユニフォーム等）が高価であり、選手の人数分を準備するには相当の費用を必要とし、その点から学校教育の場でなければ困難であったと考えられる（ちなみに、当時のカタログでみると、ボール一個二十銭―一円五十銭、グローブ二円五十銭―三円（明治三〇年頃）、英和辞典一円―二円（明治三一年））。

「野球」の原語「ベースボール」（Baseball）を第一高等中学校学生の中馬庚（一八七〇―一九三二）が「野球」という訳語をつけ著書『第一高等学校野球部史』を著したのは一八九五（明治二八）年である。

そして「ベースボール」のゲームとしての面白さが学生のメンタリティ（集合心理）に合っていたと考えられ、それが今日の繁栄につながっているのである。

野球は非常にルールの複雑なゲームである。球技の中でこれほどルールが細かくて複雑なゲームはない。もちろん、複雑なルールほど興味が湧き面白いということも確かで、血気盛んな若者の興味を喚起したことは想像に難くない。

野球は攻守それぞれ九人が守備の時にも攻撃の時にも各人に役割があり、個人の役割の達成の上に集団としての勝利があるわけで、それが日本人の集団心性に合っていたと考えられる。

では、女子の野球はなぜ普及しなかったのか。これもむずかしい問いであるが、「スポーツは男のもの」「野球は男子のもの」という時代の風潮があり、女子には「男女別学」の教育制度にもとづく「良妻賢母主義」の教育思潮の中ではなかなか普及しなかったといえる。

本場アメリカでは一八六六年にバッサーカレッジ（Vassar College）でプレーをした記録があるが、わが国の女子が野球を行うようになるのは主に明治後期であり二〇世紀に入ってからである。

私が女子野球に興味をもったのは、勤務していた大学で、学生が「私たち、ソフトボールではなく、野球がやりたい。」と言い出したのがきっかけであった。それではということで、学生たちは兄や弟のグローブを借りてきてキャッチボールを始めたのが一九九一年の秋であった。

徐々に野球好きの学生が集まり、チームをつくり、学生と共に、一九九二年富山県魚津市で開かれた全国大学女子軟式野球大会（現全日本大学女子野球大会）に参加したのが始まりであった。

そんな折ふと戦前のわが国に女子野球はあったのかと思っているときに、偶然見つけた『軟式野球史』（一九七六／昭和五一年）の中に、大正時代に高等女学校で「野球」が行われていたのをみて大変驚いたことが、戦前の女子野球を調べるきっかけになった。

調べた結果が第Ⅰ部の内容となったが、女子野球の歴史が連綿と続いた形跡はなく、点と点の連続で、大正末期において途切れ一本の線にはなりえていないというのが現在までの到達点である。

当時の大きな大会として、名古屋地方の「キッツンボール」大会と和歌山、大阪地域の「軟式野球」大会があるが、あとは、全国各地で、地方の二、三校で行われた記録しか残っていない。その中で、実際に女子野球を経験された方々に当時の様子について、直接、お話を伺うことができたことは誠にうれしく、貴重な記録となったと思われる。

なぜ女子野球は忘れられてしまったのか。

その原因の一つは、時代による制約が大きく働いていると考えられる。

大正末期に大正デモクラシーの流れに乗って、昭和時代に入るかどうかの時代の波に押し流されるように禁止されたのである。

もう一つは、史料（資料）の絶対的欠落である。太平洋戦争の戦災による焼失と戦後の教育制度の改革で女学校が統合・廃止になり、その際、学校関係資料、同窓会関係資料が失われたのである。

近年、戦後の女子野球の研究は盛んになってきている。しかし戦前については前述のような観点から必ずしも十分とはいえない状況である。ジェンダー的視点からの研究も今後の課題として残されている。本書の内容については、読者の皆様の、ご意見ご批判をいただければ幸いに思う次第です。

正岡子規は明治期において俳句の革新を行い、短歌、随筆、小説と各方面において活躍したことはあまりに有名であるが、大の野球好きであったことでも知られ、野球に関するエッセイの中でルールを研究し多くの「訳語」を考案し野球の普及への貢献は大なるものがある。二〇歳台で宿痾に見舞われながら病床にあっても生来の芯の強さとその精神の透明性は失われず、第Ⅱ部は私がそれに魅かれて書いたものである。

これもまたご意見、ご批判をいただければ幸いに思います。

○本書の書名『女學生たちのプレーボール』の「プレーボール」について、明治・大正期の著作には「プレーボール」「プレイボール」の両者が使われているが、本書では前者を使用することにした。

○副題「戦前期わが国における女子野球小史」の「戦前期」については、明治期は資料が乏しく、内容も少ない。昭和期については、私の不勉強と資料の不足もあり、一部、ふれたのみであることをお許し願いたい。

新版まえがき

百年前の大正時代の女子野球の歴史を調べていた時、興味深い多くの事実を目の当たりにして胸おどる日が続いたことを今も忘れることができない。

各地の高校やその同窓会、図書館、資料館に問い合わせをして資料を探す苦労が続いたが、過ぎ去った時間の中で求めた事実に出会った時の喜びはことばにできない程のものであった。

大学に勤務して講義とゼミナール、論文指導や自分自身の研究課題、最後の十五年は大学女子野球部にかかわり、全国連盟の役職を務める中で少しずつ資料を集めての仕事であったので、前後三〇年近い年月を費したことになる。

できあがったのは小さな本であったが、出版から三年経って、いくつかの女学校の事例が新たに判明した。しかし、校名はわかっていても太平洋戦争と戦後の学制改革、その前後の時間の流れの中で資料の散逸により不明な点は依然、残されたままである。

一九一三（大正二）年から一九三四（昭和九）年まで開催された極東選手権競技大会（日本、中国、フィリピンの三国参加）では、女子の陸上競技、水泳、庭球が行われていた。陸上競技、水泳、テニス、バスケットボール、ヴァレーボールは他にも大会が行われており、いわば後発の野球が禁止に到った特殊事情について、その歴史的背景をもっと探求すべきであると思うが、現状のところ記述した内容以上のものは不明である。

大正期の女子野球は、前後十年に満たない期間で消滅したわけである。

今回発見した、いくつかの新しい資料から、今からちょうど百年前の大正期に全国的に女学校の野球が行われていたことが想像できる。

それには、大正期の自由主義的文化と教育（特に女子中等教育の拡大・普及）が影響していたことは否定できない。

このたび、いくつかのミスを訂正し改訂新版とすることができました。

ご意見、ご批判をいただければ幸いに思います。

二〇二三年十二月一日

女學生たちのプレーボール——目次

第Ⅰ部　戦前期わが国における女子野球小史

第Ⅰ部　戦前期わが国における女子野球小史

一　はじめに

わが国にベースボールがいつ伝えられたのか。それには、明治四年説、五年説、六年説といろいろあるが、一般には一八七二（明治五）年、アメリカ人お雇い教師ウィルソン（Horace E. Wilson, 1843–1927）が、第一大学区第一番中学（後の開成学校、東京大学）で、バットとボール（硬式）で指導したのが、最初であるといわれている[1]。

わが国の野球は、明治初期に、「ベースボール」として伝えられ、その後、二、三〇年の間に燎原の火のごとくに、全国に普及した。

ベースボールの祖国アメリカ合衆国では、資本主義の発展に伴う大衆化の波にのり、「プロ化」していったのに対し、わが国では、「学校教育の一環としての課外教育」として行われた点に特色がある。ちなみに、「ベースボール」の訳語「野球」は、一八九五（明治二八）年刊行の中馬庚著『第一高等学校野球部史』がわが国で最初のものである。

このような野球の隆盛にもかかわらず、野球史の文献に女子は、ほとんど登場しない。

アメリカの最初の女子チームは、一八六六年、ヴァッサー大学（Vassar College）でつくられたものが最初のものといわれている。わが国の幕末、慶応時代である[2]。

アメリカ最初の大学女子野球チーム "The Resolutes"
ヴァッサー・カレッジ（Vassar College）（1866年）
（G. Ward et al., *Baseball: An Illustrated History*, Alfred Knopf, 1994）

1890年代のアメリカの女子野球チーム
（"Baseball Calendar", Alfred Knopf, 1995）

20世紀はじめのアメリカ女子野球チーム“Female Giants”
(“Baseball Calendar”, Alfred Knopf, 1996)

女子野球チーム“Liberty Belles”
20世紀初頭か?
(絵ハガキより)

二　明治期における女子野球

1　明治期の女学校におけるベースボール――日本女子大学校

明治期の女子ベースボールで記録に残るのは、日本女子大学校（現日本女子大学）の体育教師・白井規矩郎の考案によるものがある。

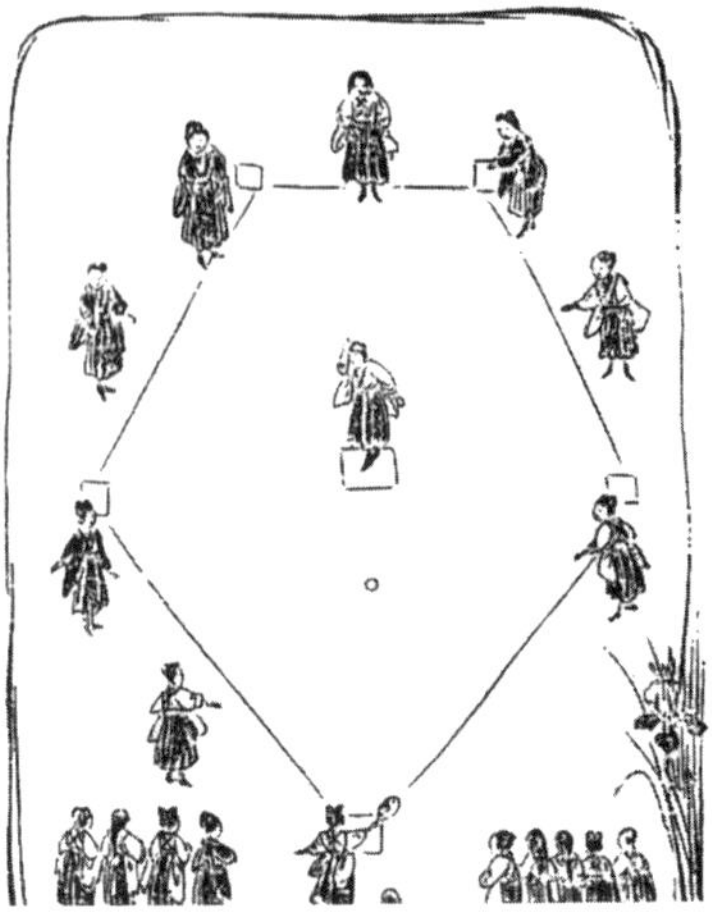

白井規矩郎考案の「女子ベースボール」
（『女学世界』1902年）

一九〇二（明治三五）年の『女学世界』に白井の考案したものが「今回ベースボールに改良を加へて其の位置を五角とし相互の距離を短くし之を大学生徒に試みつゝあるが成蹟頗るよろしき由にて本月同校設立記念會の節には餘興傍々此改良ベースボールを行ふ筈なり」と紹介されている。(3)

白井が考案したのはイギリスのラウンダーズ（Rounders）を改良したもので、五角形（ベースが五個）で、塁間一二メートル、ゴム製ボールをテニスラケットで打つものであった。女子のために、運動性と安全性を考慮したもので、白井が単にベースボールと言わず「女子ベースボール」と明記しているのは、特に意識してのことであったと考えられ、白井の並々ならぬ苦心の跡がうかがえて興味深い(4)。

2　京都市第一高等小学校の女子ベースボール

一九〇三（明治三六）年四月刊行の京都市第一高等小学校編『女子適用ベースボール法』には、曰く、「元來この遊戯はその團體的なる事個人の責任を重んずるものなる事趣味深くかつ永續する事獨立心を養ふ事精神よく活動する事身體全部の運動を催す事適當の競争をなし得る事等兒童遊戯として内容價値共に完全に近いものである」とその教育上の価値を非常に高く評価している(5)。

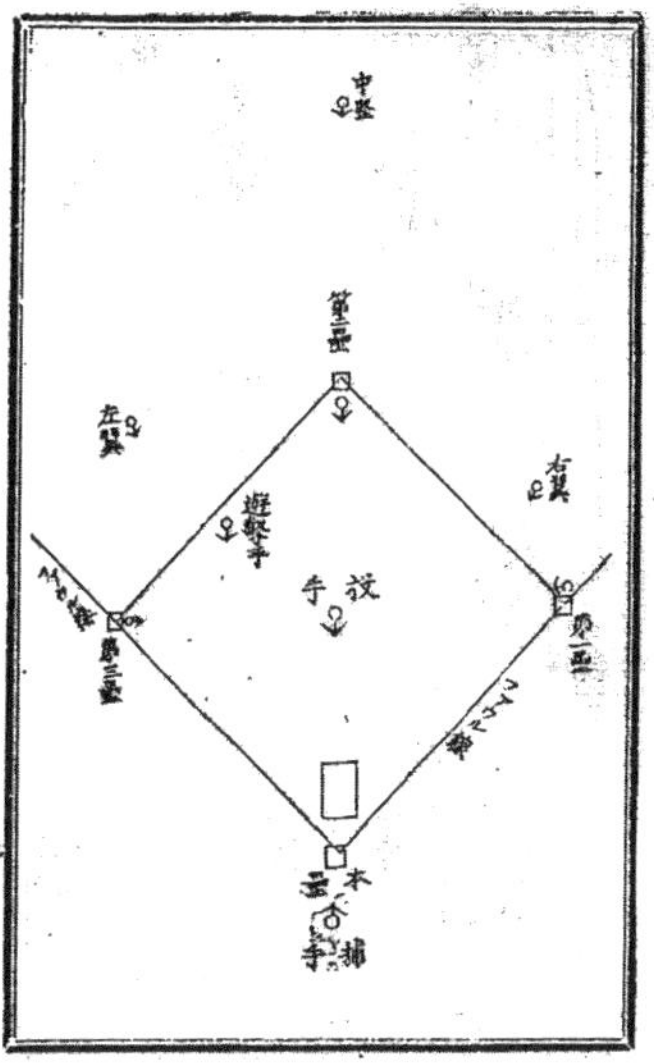

守備の位置
（『女子適用　ベースボール法』1903年）

実際の競技は、次のようにして行ったようである。

図のように四点にベースを置く。壘間は、学年により異なるが、およそ八〜九メートルである。守備側は、投手、捕手、遊撃手、第一壘、第二壘、第三壘、右翼、中堅、左翼の九人で、名称も今日使われているものが、すでに一般化していたことをうかがわせる。

使用球は、ゴムボールで、投手は、ホーム

ベース前の四角（縦六尺横三尺＝約一・八メートル×九〇センチ）の中に投げ入れるのをラケットで打つ。スリーアウト制で、正式には九回まで行うが、五回くらいでよい。ボールとラケットは、日本女子大学校と同じと考えられる。ルールは、今日の野球と大差ないものであるが、投手は、投球の際、オーバースローで投げるのか、アンダースローなのかの規定は明記されていない。

ここには、現在使用されている野球用語が数多くみられる。プレーボール、ストライク、ボール、アウト、セーフ、ダブルプレー、ホームイン、ヒット、チェンジ、ランナー、ゴロ、フォアボール、フルベースなどである。このうち、「フォアボール」と「フルベース」は和製英語である。「ゴロ」は「グラウンダー」の訛ったもので、これを和製英語とすべきか。

第一高等小学校は、体育に相当熱心に取り組んだようで『京都市第一高等小学校教育概況』（一九一一／明治四四年）の「體育實施状況」には、次のように記されている。(6)

「護謨ボールノ運動ヲ奬勵シ力メテ手腕ノ運動ト同時ニ身體全部ノ運動ヲナラシメ投球ノ術熟スルニ及ビテ曾テ男子ニノミ課セラレタル『ベースボール法』ヲ女兒ニ適用スベク改正シコレヲ實行スルコト、ス時ハ明治三十五年七月ノコトニシテ爾來約九ケ年兒童ノ技ハ半年ニシテ大ニ熟シ興味ハ更ニ倍シテ今日終ニ校技トシテ見做サル、ニ至レリ」

開始当時の苦労と女子児童が興味深く取りくんだ様子が目に見えるようである。

3　京都市第二高等小学校の女子ベースボール

治時代に女性が野球
さましきかな　はかま　ラケット
京都で「仕合」画帖でしのぶ
上野さん
当時の"ユニホーム"（画帖より）

京都市第二高等小学校の "ベースボール" の様子
（ラケットとはかま姿）1902年〜1903年ごろか？
（『朝日新聞』1985年8月5日夕刊）

京都市第二高等小学校においても、女生徒のクラスを受け持っていた野球好きの男の先生が十三名のチームを熱心に指導していたことが、当時在学していた上野梅子（旧姓九鬼）さんが卒業時にチームメイトから送られた画帖から判明している。

当時、「野球」という呼び名は一般的ではなく「軟らかいゴムまりを使い、休み時間中もキャッチボールをしたものです」と話している。

画帖によれば、バットのかわりにラケットを持つ女生徒が描かれている。

京都市第一高等小学校との対戦では、一チーム九人で試合は四回まで行われ十六対八で第二高等小学校が快勝している。試合時間は約一時間四〇分で、試合の感想として「実におもしろく愉快なり（中略）かちどきをあげて解散したり」とある。

当時の“ユニフォーム”
手に持つのは“ラケット”
(画帖より)

画帖には、「いにしえの　まりの遊びに　引きかえて　ベースボールの　いさましきかな」と記されているという[7]。

これは大変貴重な歴史的な記録である。ただこの段階で残念なのは新聞資料によるもので原資料にふれていない点である。

京都で「女子ベースボール」が行われた背景には歴史的背景があるように考えられる。

古都京都は政治の中心地でもあり、文化・歴史の栄華は現代にひきつがれている。教育面では、一八六九(明治二)年五月、わが国最初の小学校である柳池小学校が設立されている。続いて明治六年に「女紅場」が設立され、その目的は衣服、裁縫、洋服仕立、紡織、養蚕など「婦徳ノ道を辨知サセ」るためのものであった。

一八七五(明治八)年、幼児保育の場として「幼穉遊嬉場」が開設されている[8]。これは、東京女子師範学校付属幼稚園(現お茶の水女子大学付属幼稚園)開設の一年前のことである。後述のように大正期に入って「軟式野球ボール」を考案し「少年野球発祥の地」となり女子野球誕生につながったのも、京都の人々の進取に富んだ気風があったものと推察することができる。

4　大分県佐伯小学校の女子ベースボール――「少女野球団の敗戦」

大分県佐伯小学校の杉野先生は、男子は二年生から野球をしているが、受持クラスが尋常科女子部六年生であったので野球ができないのを歯がゆく思っていた。「クラスの生徒に野球選手希望者を募ってみると、これは意外！　流石に野球で校風を建てた学校ほどであって全員殆ど大賛成、先生、私も私もと申し込みが多すぎて即時に数組のガールズチームが出来た。」「ボールだけはシンに綿を入れたスゲ手鞠を用ふることにして、盛んに内輪同士のマッチを行ったが、これも意外にうまく演るので先生大得意、多からぬ月給を割いてバットを買込み、男生徒の使い古したグラブを譲受けて講堂の後の空地で毎日毎時間のキャッチボール、技術は日に日に増し冴えて来てなかなか有勢にみえた。」

しかし学校の前に佐伯新聞本社ができた。野球は学校に内密にはじめたことなので新聞種になっては、学校、父兄に迷惑がかかると考え野球部は解散することにした。そして、最後に各組大試合を行い優勝チームが男子部の尋常二年と対抗試合を行うことになった。

「男子チームは白のユニフォーム、女子は白襷に仮茶袴かユニフォーム。男女共応援合戦、杉野先生はコーチャーとして奮闘したが、善戦空しく二七対四と六年女子の大敗に帰してしまった。」という記録が残されている(9)。

これをみると各地の小学校で「女子ベースボール」が、各々ボールやバット、ルールなどを適宜考え行われていたことが想像できる。

注

（1）『明治時代の野球――野球伝来～近代野球へ』財団法人野球体育博物館（現野球殿堂博物館）、発行年不明。

君島一郎『日本野球創世記』ベースボール・マガジン社、一九七二年、一六―一七頁。

（2）G. Ward et al. Eds., *Baseball: An Illustrated History*, Alfred Knopf, U.S.A. 1994.

（3）『女学世界』第二巻第六号、一九〇二年五月号。

（4）白井規矩郎「欧米に現行する体操と遊戯」『教育時論』六一〇号、一九〇二年三月号。

馬場哲夫他「日本女子大学の体育発展に貢献した人々(5)初代体育教師白井規矩郎について―その4―」『日本女子大学紀要　家政学部』第三七号、一九九〇年。

（5）京都市第一高等小学校編『女子適用　ベースボール法』発行者松田庄助、一九〇三年。

（6）京都市第一高等小学校『京都市第一高等小学校教育概況』発行者南大路勇太郎、一九一一年、十五―十六頁。

（7）『朝日新聞』一九八五年八月五日、夕刊。

（8）『柳池校七十年史』京都市柳池校国民学校、一九四二年。

（9）空冷子「少女野球団の敗戦」『運動世界』№二五、一九一〇（明治四三）年六月号。

三　大正期における女子野球（Ｉ）

1　「インドア・ベースボール」と「キッツンボール」の登場

大正時代（一九一二―一九二六）は、国際的には激動の時代であった。第一次世界大戦（一九一四―一九一八）があり、ロシア革命（一九一七）が起こり、国内的には米騒動（一九一八）、関東大震災（一九二三）などが起こっている。

しかしながら、学問、芸術、スポーツなどの文化の分野では花開いた時期である。二〇世紀に入り、明治末期には学生野球が盛んになり、アメリカの大学チーム、プロチームの来日や、一九〇五（明治三八）年の早稲田大学野球部の第一回アメリカ遠征など、国際交流も盛んになっていた。

しかし、野球が盛んになるにつれて、野球部学生の成績不振や応援の行きすぎなどで対外試合を禁止する学校が出たりした。そんな折、『東京朝日新聞』が、「野球と其害毒」を連載し、これに対し、『読売新聞』が、野球擁護の大演説会を開くなど、「野球害毒論」と「野球擁護論」が展開された。一九一一（明治四四）年のことである。

一九一五（大正四）年、全国中等学校優勝野球大会が開始され、一九二四（大正十三）年、全国選

抜中等学校野球大会が開かれ、今日の高校野球、なかんずく、日本の精神的バックボーンが形成されていくのである。

一九二〇（大正九）年には、わが国最初のプロ野球チーム「日本運動協会」が橋戸信、河野安通志らによって設立されている。しかしながら一九二四年一月、関東大震災の影響もあり解散している。その後、「宝塚歌劇」で有名な小林一三率いる「宝塚運動協会」へ引き継がれたが、一九二九（昭和四）年解散している。一九二一（大正十）年、奇術師松旭斎天勝が作った「天勝野球団」があるが、関東大震災で消滅し詳細は不明である。[1] 一般に最初のプロ野球チームは一九三四（昭和九）年の「大日本東京野球倶楽部」（現読売ジャイアンツ）とされるが、実際にはそれより、十四年前にプロチームは誕生していたのである。

大正期から昭和期にかけて野球連盟が結成され全国的な野球大会が開催される時代に入っていく。

一九一五（大正四）年、全国中等学校優勝野球大会（現全国高等学校野球選手権大会）
一九二四（大正十三）年、全国選抜中等学校野球大会（現選抜高等学校野球大会）
一九二五（大正十四）年、東京六大学連盟発足
一九二七（昭和二）年、全日本都市対抗野球大会

と立て続けに現在に続く全国大会が開催されている。

このように野球が隆盛を極める背景には、時代の大きな変化がありスポーツに対する国民の文化やスポーツへの関心があり、また教育の歴史における国際的な「自由主義教育運動」があった。それは

「教師・教科書中心の教育」から「子ども中心の教育」への変化であった。

例えば、今日、わが国で関心の高いイタリアの「モンテッソーリ教育」、ドイツの「シュタイナー教育」、ドイツからオランダで普及した「イエナプラン教育」やアメリカのジョン・デューイの思想など各国において、またわが国にも大きな影響を与えた。

一方で、「大正デモクラシー」といわれる時代に「大正自由主義」の名の下に、「八大教育主張」が発表された。そして多くの先進的学校――「成城学園」「文化学院」「明星学園」「自由学園」などが設立され二一世紀の今日に続いている（「文化学院」は、二〇一八年三月閉校になった）。

背景には、旧制の中学校、高等学校、大学、専門学校、高等女学校の普及による文化・教育水準の向上、活字文化を支える新中間層の興隆などがあった[2]。

そのような時代背景の中で、女子スポーツにも新しい動きがみられた。

一九二二（大正十一）年、二階堂トクヨが「二階堂女子体操塾」（のち日本女子体育専門学校、現日本女子体育大学）を創立し、女子体育の普及と発展に尽くし、女子陸上界では人見絹枝選手らを育てた。また、藤村トヨは、一九〇八（明治四一）年、「東京女子体操音楽学校」の校長となり、現在の「東京女子体育大学」に引き継がれている。

そして、女子の「野球」と今日いう「ソフトボール」の二つのものが登場してくる。一般のスポーツ書や「日本ソフトボール協会」の資料（年表）によると、ソフトボールは、一九二一（大正十）年、大谷武一により、アメリカからわが国に伝えられたとされている[3]。

しかし、調べてみると、実は、それよりも数年前、名古屋女学校（後の名古屋高等女学校）、愛知淑徳高等女学校、今治高等女学校などにおいて、「インドア・ベースボール」（Indoor Baseball）または「キッツンボール」（kitten Ball —— Kitten は、「おてんば娘」の意）とか、「プレイグラウンドボール」「野球」あるいは単に「ベース」の名の下に行われていたことが判明した。(4)

因みに、「プレイグラウンドボール」は、一九二六（大正十五／昭和元）年、文部省による、学校体操教授要目の改正により、体操科目の「遊戯及び競技」の中に加えられた。アメリカで「ソフト

インドア・ベースボールの様子
（G. Palmer, *Baseball for Girls and Women*, Burns & Co., 1929）

「インドア・ベースボール」の
アンダーハンドピッチング
（G. Palmer, 1929）

ボール」という名称が考案されたのは、一九二六年である。「ソフトボール」の名称が、わが国で採用されたのは、第二次世界大戦後の一九四六（昭和二一）年のことである。(5)

2　インドア・ベースボールの普及——愛知淑徳高等女学校の優勝

「此遊戯が名古屋市に紹介されたのは一九一七（大正六）年の十二月であって、当時中部日本の大新聞である新愛知新聞社員であった林正雄氏が鋭意普及に努力せられた結果である」と野球史研究家の広瀬謙三（新愛知新聞記者）は述べている。(6)

一九一八（大正七）年には、春秋二回の大会が行われたが、愛知淑徳高等女学校と名古屋女学校の試合が嚆矢とされる。秋の試合は二〇対四で淑徳高女が優勝した。当時の高等女学校は原則四年制、年齢は十二歳〜十六歳で、現在の中学校一年生から高等学校一年生に該当する。

①　小林学園長の歓びの日記より

この勝利の歓びを当時の小林清作学園長は日記に残し

愛知淑徳高女、新愛知新聞社主催インドア・ベースボール初優勝（1918年）（『愛知淑徳学園史』1965年）

ている。(7) 少し長くなるが当時の状況を知る貴重なものとしてあげたい。

十一月二十日　水　晴

白壁にてベースの試合あり。本校選手も招かれて之に赴く、名女も本校も白壁（注、白壁は地名、金城女学校〈現金城学院高等学校〉のことか？）と戦ふて敗れたるが、名女は十一対七、本校は六対零にて、名女の成績遥に本校の上に在り。名女の長足の進歩実に驚くべし。

十一月二十一日　木　晴

応援歌を作って選手を激励しやうと思って、柄に無く脳漿を絞った。山荘に至りて漸く何うやら纏まった。随分怪しげなものなれど、折角作ったのであるから、葉書に書いて選手に送った。それは左の如くである。

音に名高き淑徳の
よりによりたる選手等が
心合はして戦はゞ
いかで勝たざることやある
守備にバンドにバッチング
日頃鍛へし腕前を
現はす時は来りけり

ゴロの強打で敵陣の
乱るに乗じランナーは
我れも〳〵とホームイン
ゲームセットの宣告に
山を成したる観客は
一同拍手喝采し
天地も動揺がん許りなり
ア、勇しや〳〵
ア、目出度さや〳〵

十一月二十三日　土　新嘗祭　曇

午後十一時過ぎ宿に帰ると、電報が到達して居た。曰く「二〇タイ四デカツバンザイ」本日のベースの優勝試合に於て、淑徳が勝ちたる知らせである。さるにても二十対四とは余りに差が多い。或は電報の誤記で無いかと思ふたが、兎に角勝つは勝ったに相違無い。小柳氏の家族一同に向って大にベースの自慢話をした。

十一月二十五日　月　晴

会議は終ったが、折角出京したのであるから、学校を参観しやうと思って、朝出掛けやうとすると、郵便と云ふて成瀬ていから手紙が来た。取る手遅しと開封した。左の如くベース試合の模様を知らして来たのである。

先生勝ちました。予定通り見事に勝ちました。二十対四と聞いて、私共は思はずおどりました、嬉しくて〳〵何とも申されません。電報を御覧下さいましたか、早くお目に掛りたう御座います。

今日の試合の有様を一筆申し上げます。昨二十二日の大雨で、到底今日は出来まいと誰れも信じて居りましたが、夜中から不思議にも、すっかりよくなりました。

私達は早速キャッチボールや、先生から最も御注意を受けて居りましたバッテングを、猛烈に練習致しました。しばらく休む間もなく、もうすぐお昼になりました。

名女の選手の方や、応援の方々が沢山見えました。我が校の応援隊は、朝から一杯でありました。杉村先生は、鶴舞公園のコート開きで、おいそがしいのでしたが、御飯もたべないで、飛んで来て下さいました。さうしてシートノックをやって戴きました。

いよ〳〵試合が始りました。ゲームは七回です。私共は先生からの御手紙を懐にいただいてやりました。杉村先生のお教に随ひ、私達は先攻致しました。第一回に四点取りましたのに対し、名女は一人も一塁にさへ入れさせませんでした。もうそれで始めから名女の方々は、あわてゝしまはれた様です。それから二回に一点、三回に二点、五回六回に五点づゝ、七回に三点、都合二十点取りました。その中で本塁打が二本（岩田、成瀬）、三塁打が一本（竹内）、まだ二塁打もいくつも御座いました。ほんとうに我れも〳〵とホームインでした。ます〳〵名女の投手はあわてなされて、四球を八度も出し、他の野手の方もエラーの連発でした。私達は先生のお言葉が腹の底までも通ってをりますから、十二分に緊張して致したつもりで御座います。それが為めか、大きな失策もなかった様に思ひます。兎も角も私達は嬉しくて〳〵たまりません。美しい花環を戴きました。早く先生に見せたう御座います。先生どうぞ御用のすみ次第、早くお帰り下さいませ。皆々首を長くして待ってをります。あまりの嬉しさに乱筆でお許し下さいませ。

かしこ

二十三日夜

選手九名拝

一筆申し上げますも無く、ブッつけに先生勝ちましたと筆を起したのは、如何にも嬉しさの余り筆を執った趣きがあり〳〵と現はれ、当日試合の光景まのあたり見るやうである。文章は実景実感で無くてはダメだ。ムダが無くキビ〳〵筆が運ばれて、嬉しい気分が紙上に溢れて居る。自分は再三繰返して読んで、そして矢張り嬉しくて〳〵たまらなかった。

インドア・ベースボールの試合（運動会）
（愛知淑徳高等女学校、1918年）
（『愛知淑徳学園小史』1985年）

十一月三十日　土　晴

朝一時間課業の後、インドーアベース優勝祝賀運動会を開いた。まずテニスの試合を行ひ、それからベースに移った。四年生は役を代へて試合をした。斯くて全校生徒無邪気に愉快に一日を送った。三高の女生徒は上林英太氏に率ゐられて見に来た。（大正八年四月『淑徳』一六三号より）

②　小林清作の女子スポーツ観

全校あげて多くの運動種目に力を入れて全国的に著名な淑徳学園では小林校長がユニークなスポーツ論を述べている。

美人観の革命

小林清作

私はさきに、競技は過激に陥り易いから女子は不適当だといふ論は、従来の温良貞淑を以て女子の唯一の美徳と為す僻見に囚へられたものだと云ふたが、淑徳でも、競技をすると手が太くなって困るとか、色が黒く為るとか、怪我をすると困るとか、中々少なからず苦情が出るのである。是等の人は旧来の令嬢らしいとか、箱入娘を理想としている人で、全く新時代を解せざるものである。昔は所謂お人形のようなものを品がよいとか、お嬢さんらしいとかいった。若し女子が単に男子の玩弄物に甘んずるものならば、それでよからう。然し自覚したる女子は一個の人間であらねばならぬ。切れば血の出る人間で無ければならぬ。お人形であってはならぬ。徒らに静的生活に安んじてはならぬ。それでこそ新時代の男子の好伴侶と為り得るものである。私は敢て温良貞淑が女子の美徳であることに反対するものではない。然し温良貞淑が女子の唯一の美徳であるとは考へない。新時代の女子は温良貞淑に、更に若干の動的美徳を加へねばならぬと思ふ。私は是に於て美人観の革命を要求する。顔に白粉を塗り、着物や帯で姿態を作り裸にして見ると、足が短く胴が長く、肉に締りがなく、而かも痩せこけて如何にも虚弱に見ゆるやうな、深窓の佳人式のものは、もう美人ではない。これからの美人は顔に壮健の色が漲り、均斉に発達したる肢体を有するものでなければならぬ。運動で鍛え上げたる、生き〳〵したる美人が持囃されてこそ、我が日本に興国の気象《（ママ）》ありと云ふべけれ。

　今名古屋市の女学校に行はるゝ競技を挙ぐれば、テニス、キッツンボール、バスケット・ボール、バレー・ボール、ランニング、走高跳、走巾跳、インドアベースボール、バスケットボール《（ママ）》、水泳等である。他県には槍投、円盤投、砲丸投、少年野球等を為すもありといふ。私は今後女子の運動競技が益々盛んに為りて、日本人の体格質が改善せられ西洋人と比して遜色なきの日の、一日も早く来らんことを熱望するものである。

（大正十二年十二月『淑徳』一八一号より）

　そして「スポーツマンシップ」について「旧来の武士道に代るに至るであろう」との「新時代の新道徳は、スポーツマンシップならざる可らずと思ふ。」と明確に述べている。

　この斬新なスポーツ観は、小林は東京帝国大学に在学中にスポーツ、特にボートに熱中したことにより、小林のスポーツ精神が形成されたものと考えられる。

3　熊本県立第一高等女学校の「ベース」

熊本第一高女の同窓会誌『済美』には、「運動会」の反省点として「(一)運動会は一箇年間に於ける学校体育の総決算といふ趣旨をすべての方面に徹底せしめること。(二)全力をあげてなし能はざる運動は遮けること。(例　二人三脚、草履下駄競走の如きもの)(三)徒歩競争は顔面蒼白とならざる程度の距離にとどめること。(四)日常して居ることはすべて演ずること。体操は勿論のことでデッドボール、テニス、ベース、薙刀、ダンス、バレーボールをも入れる。」とある。

一九二五(大正十四)年三月の卒業生に、同窓会「清香会」の岩崎逸子会長がお聞きした記録がある。[8]

「あー野球はしよりました。盛んでしたもんなぁ。チームのごたつと(ようなの)のできとりました。放課後みんなでしよりましたら県会議員の視察もあって、〃おなごの野球なんて何事か〃ておこられましたもん。それで野球はやめになりましたばってんデッドボール、バレーボール、テニス、跳び箱、運動は盛んでしたなあ。野球のやめになったのは大正十一年です。チームはありましたばってん対外試合する程にはなかったです(直方高女との試合のこと)そんな話は知りません。(記事になっている記憶はありませんか)記事にする程のことはなかったのでしょう。テニスのように県一、九州一、日本一になるようなことがなかったですから。」

ここで述べられている「野球」が一九二二（大正十一）年に行われていたことが判明した。比嘉ウタ先生は熊本第一高女の卒業（大正十二年）で、一九三六（昭和十一）年から一九四四（昭和十九）年まで金城女子専門学校付属高等女学部（一九二九年に女子専門学校に設立認可、現金城学院高等学校）に勤務され、一九八二年に金城学院短期大学の名誉教授となられた。私がご連絡させていただいた当時体調不良にて、お電話でお聞きしたところ次のようなお話であった。

学校の正課ではなく「ベースボール」とか「ベース」という名称で、グローブではなく、四つのベースでやわらかいボール「ソフトボール」や「ゴムマリ」を使い九人で行った。ユニフォームとして「運動ばかま」「モンペ」で試合をされたと言われた。

比嘉先生就任以前の大正期にどの程度の規模で活動していたか、愛知淑徳高等女学校と試合をしたらしいことは前述の記録から推測されるが『金城学院百年史』には記録がなく残念である。

また、「デッドボール」というのは、皮製のボールによる「ドッジボール」のことであり、大正十五年の要目改正によって、「ドッジボール」と呼ばれるようになった。

○各ゲームの比較――横井春野は、大正・昭和前期の発展に寄与し、特に少年野球の普及に尽力した人物であるが、女子野球にも造詣が深く、その著『少女運動競技の仕方』の中で、陸上（短距離走、中距離走）、女子マラソンの他に「女子野球」「インドア・ベースボール」「キッツンボール」について詳しく述べている。一覧表にすると次表のようである。(9)

インドア・ベースボール、キッツンボール、野球の相違

	インドア・ベースボール	キッツンボール	（女子）野球
創始年	1887年	1900年 （諸説あり）	1846年（米・硬式） 1917年（日・軟式）
創始者	G・ハンコック	L・ローバー	A・カートライト 鈴鹿栄、糸井浅治郎
わが国への伝来年	1917(大正6)年	1917（大正6)年？	1872年（米・硬式） 諸説あり
投捕間	23フィート (6.9m)	35フィート (10.5m)	48.5フィート (14.6m)
塁間	27フィート (8.1m)	45フィート (13.5m)	70フィート (21m)
投球方法	アンダースロー	アンダースロー	オーバースロー
使用ボール	柔らかい	オフィシャルプレイグランドボール	高等女学校では 学校ボール2号
ボールの円周	16インチ3/4 –17インチ1/4 (40–42.5cm)	12インチ (30cm)	7インチ5/8 –8インチ1/4 (19–21cm)
ボールの重量	8–8オンス3/4 (222–249g)	6オンス (168g)	2.6–3.2オンス1/4 (70–90g)
バットの長さ	2フィート3/4 (80cm)	2フィート10インチ (85cm)	36インチ (90cm)
クラブミット	使用せず	使用せず	クラブ使用 捕手・一塁手はミット
1チームの人数	7–9人	10人	9人
ゲーム回数	9回	7回	7回

（横井春野『少女運動競技の仕方』（1923年）から作成）

注）野球の創始年・創始者・伝来年については、女子野球ではなく、元来の野球のものを記載している。

「インドア・ベースボール」と「キッツンボール」は、アメリカ各地に広まるにつれ、ルールが随時変更されている。わが国でも実際に行われた際に投手間、塁間など変更がなされている。

4　越原和の女子スポーツ論とキッツンボール

横井春野と早稲田大学の学生時代に一緒に野球の試合をしたという、名古屋女学校（一九二一年に名古屋高等女学校となる）校長・越原和（こしはら・やまと、一八八六－一九三四）は、次のように述べている。(10)

「私が生徒に野球を教え始めたのは大正五年の春、テニスの球で、今日の少年野球のやうに致しました處、生徒は非常に興味を以て致しました。其後大正七年インドア・ベースボールが日本に入って場所も狭くて出来、危険は絶體にありませんので甚だ結構と思つて之を正式に練習させることにいたしました。」

越原は、なぜ女学校の体育の中に「野球」を取り入れたのだろうか。

当時まだ根強かった封建的遺風の中で「女子はしとやかに育てろ。女が運動なんかするな」という風潮を批判し、「国民の体力を改造して、激烈なる国際的生存競争に打勝つ事の出来る立派な体力をもつ国民をつくり出す」との必要性を述べ、「男子の体育と女子の体育は同じ速力で発達してゆかねばならぬのである」と考え、独自の運動服を考案し、「体操科」の中に、「ベースボールとテニス」を加えたのである。(11)

「女子教育に於いて、體育をおろそかにしつつあるのは余輩の最も慨嘆に堪えぬ次第である。（中略）男子の體育のみ優秀であつても、女子の體力が是れに伴はぬ時には、矢張り國民として完全な働きは出來ないのである。不肖余輩は、自分の学校に於いて、多いに女子體育に心を注いでいる。野球、庭球、其他の戸外運動を奬勵している。全校生徒中一人と雖も戸外へ出て運動をして、身心の鍛錬をしないものは無い。自分の考案になれる女子用運動服も出來て居る。野球は女子に最も適してインドア・ベースボールを裁用してゐる。[12]」

越原の女子体育に対する考え方で興味深いのは、当時、主流を占めていた「身体優位思想」だけではなく、「体育」「スポーツ」という「競技性・技術性」をもった「ゲーム」に注目した点にある。

「元気ある生き生きとした女は、決してお転婆ではないのである。元気あつて且つシトヤカな女子は、勇壮活発なる運動に依つてつくりだされるものであることを忘れてはならぬ。（中略）鋳型にはめ込んだやうな旧式教育法は今日打破せねばならぬ。[13]」

そして、その効果として、次の様な八項目をあげている。[14]

一．頭脳の働きをして緻密ならしむること

二．行動をして敏活ならしむこと

三．劇《ママ》動に堪え得る体力を養ふこと

四．身体各部の発育を促すこと

五．正確なる判断力と思考力を養ふこと

キッツンボール練習風景
（審判は越原和校長）
（『野球界』1919年）

横井春野大日本少年野球協会主事。越原和校長と親交があった
（『全国少年野球大会史』1931年）

名高女の選手たち（『少女運動競技の仕方』1923年）

「キッツンボール競技会」で優勝した名高女チーム（1922年10月）
（越原記念館蔵）

六．高尚なる人格を養ふこと
七．共同一致の美風を養ふこと
八．精神統一の力を養ふこと

と述べ、特に「共同一致の美風を養ふことは、社会教育上最も必要なことである」と付け加えている。

越原和考案の運動服
（『野球界』1919年）

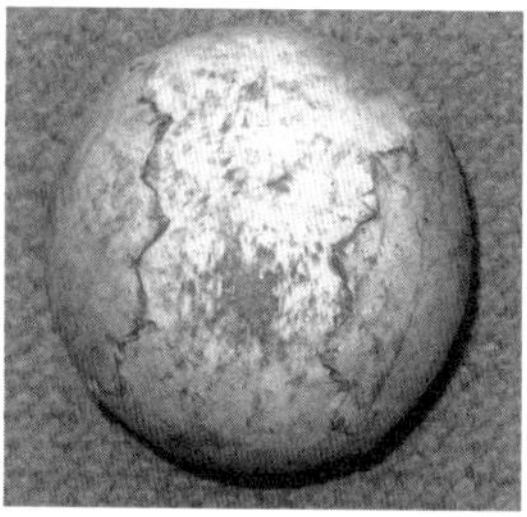

アメリカ製キッツンボール（?）
（革製、重量、円周は大正期のものと全く同じであるが硬い）
（筆者蔵）

キッツンボール大会で使われたバット（長さ81.05㎝、重さ560.5g）
（越原記念館蔵）

5　東海キッツンボール大会と名古屋高等女学校の優勝

一九二三（大正十二）年六月二日、第一回東海キッツンボール大会（名古屋キッツンボール倶楽部主催）が、名古屋高等女学校（一九二一年、女学校から昇格）、名古屋市立第一高等女学校（現名古屋市立菊里高等学校）、愛知女子師範学校の三校が参加して行われた。優勝戦の名高女と第一高女の対戦は、接戦の末、十一対九で名高女が勝って、第一回大会の栄冠を勝ち得た。七回戦制で、試合時間一時間一〇分であった。一チームは、セカンド・ショートを含む十名編成であった。以後、一九二五（大正十四）年の第六回大会まで行われ、名高女と第一高女が各々三回の優勝を果たしている。[15]庄司節子（名古屋経済大学名誉教授）氏の研究によれば、大会の状況は次頁の表の如くである。[16]

なお、第三回大会の参加校である「半田高女」は、「知多高女」の間違いであると思われる。一九二四（大正十三）年の『東海朝日』のキッツンボール大会の記事（①②③）をみてみると、①③の大会予告記事では「知多高女」と紹介されているが、②の第三回大会の試合結果の記事では一部が「半田高女」となっている。

因みに知多高等女学校の前身は「愛知県知多郡立高等女学校」（明治四三年四月設立）で、大正十三年四月に「愛知県知多高等女学校」へ校名変更がなされ、昭和十三年二月に「愛知県半田高等女学校」へ変更されている。従って②の記事は、何故、半田高女となったのか、誤りであると考えられるがその理由は不明である（『半田高等学校百年史』（二〇一九年三月）参照）。

東海女学生キッツンボール大会

（名古屋キッツンボール倶楽部主催、大阪朝日新聞社名古屋通信部後援）

大会	期日	会場	参加（※優勝）	観客	備考
第1回	1923（大正12）年 6月2日	愛知女子師範学校	愛知女子師範学校 ※名古屋高等女学校 名古屋市立第一高等女学校	観衆あふれ未曾有の盛況	（その他の参加） 市内各職員団 本社優勝杯 山本運動具店花輪
第2回	1923（大正12）年 11月10日 11日	愛知女子師範学校	愛知女子師範学校 名古屋高等女学校 ※名古屋市立第一高等女学校 愛知県立第二高等女学校 津島高等女学校	各校応援団	（番外参加） 在名外人団、倶楽部員 各学校選抜軍、紅白試合 村瀬運動具店優勝旗 二喜商店賞品
第3回	1924（大正13）年 4月27日	愛知県立第一高等女学校	名古屋高等女学校 ※名古屋市立第一高等女学校 愛知県立第一高等女学校 津島高等女学校 半田高等女学校	グランドは万余女学生で埋めつくされる	参加資格3県下 本社優勝旗 山本運動具店花輪 中村呉服店花輪 村瀬運動具店メダル
第4回	1924（大正13）年 10月31日	愛知県立第一高等女学校	※名古屋高等女学校 名古屋市立第一高等女学校 愛知県立第一高等女学校	万を似て等しく美しい人の山を築いた	参加資格4県下 （番外参加） 在名外人団、倶楽部チーム、名古屋キリスト教青年会チーム 本社優勝旗 山本運動具店花輪
第5回	1925（大正14）年 5月11日	愛知県立第一高等女学校	名古屋高等女学校 ※名古屋市立第一高等女学校 愛知県立第一高等女学校	観衆は黒山を築いた	本社優勝旗
第6回	1925（大正14）年 11月22日	愛知県立第一高等女学校	※名古屋高等女学校 名古屋市立第一高等女学校 愛知県立第一高等女学校	女学生定刻前より押しかける	参加資格高女程度のチーム 本社優勝旗 山本運動具店バット

その他関連事項：1925（大正14）年11月22日に東海キッツンボール大会（名古屋中学校庭）が開催され、名古屋中学、名古屋税務署、名古屋キッツンボール倶楽部（阪本、村瀬、林）、名古屋キリスト教青年会が参加する。

（庄司節子「近代日本における女性スポーツの創造」東海体育学会編『創造とスポーツ科学』杏林書院、2011年より作成）

注）「半田高等女学校」は、昭和13年2月設立であるので、その前身「愛知県知多高等女学校」（大正12年4月設立）が正しいと考えられる。『大阪朝日新聞』大正13年4月28日付をもとに表は作成されているが、なぜ、大正13年当時の新聞に「半田高等女学校」名が載ったのかは不明である。

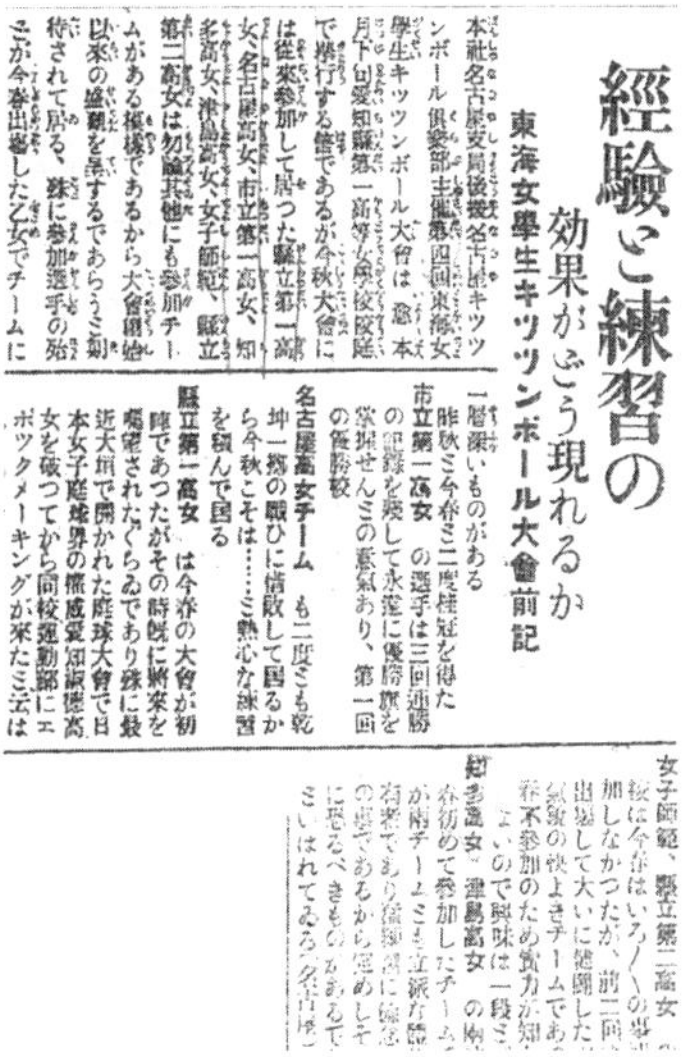

經驗と練習の
効果がどう現れるか
東海女學生キッツンボール大會前記

本社名古屋支局後援名古屋キッツンボール倶樂部主催第四回東海女學生キッツンボール大會は愈本月下旬愛知縣第一高等女學校校庭で擧行する筈であるが今秋大會には從來參加して居つた縣立第一高女、名古屋高女、市立第一高女、知多高女、津島高女、女子師範、縣立第二高女は勿論其他にも參加チームがある模樣であるから大會開始以來の盛觀を呈するであらうと期待されて居る、殊に參加選手の殆どが今春出場した乙女でチームに一層深いものがある

昨秋と今春と二度桂冠を得た
市立第一高女 の選手は三回連勝の記録を殘して永遠に優勝旗を獲得せんとの意氣あり、第一回の優勝校
名古屋高女チーム も二度とも乾坤一擲の戰ひに惜敗して居るから今秋こそは……と熱心な練習を積んで居る
縣立第一高女 は今春の大會が初陣であつたがその時既に將來を囑望されたぐらゐであり殊に最近大垣で開かれた庭球大會で日本女子庭球界の權威愛知淑德高女を破つてから同校運動部にエポックメーキングが來たと云は

女子師範、縣立第二高女 校は今春はいろ／＼の事情で參加しなかつたが、前二回出場して大いに健闘した[illegible]のチームであるが今春不參加のため實力が知れないので興味は一段と[illegible]
知多高女、津島高女 の兩[illegible]は今春初めて參加したチームだが兩チームとも立派な體格者であり[illegible]の最中であるから定めしそこに恐るべきものがあるであらうといはれてゐる（名古屋）

③第４回東海女学生キッツンボール大会　予告記事

（『大阪朝日新聞』1924年10月14日）

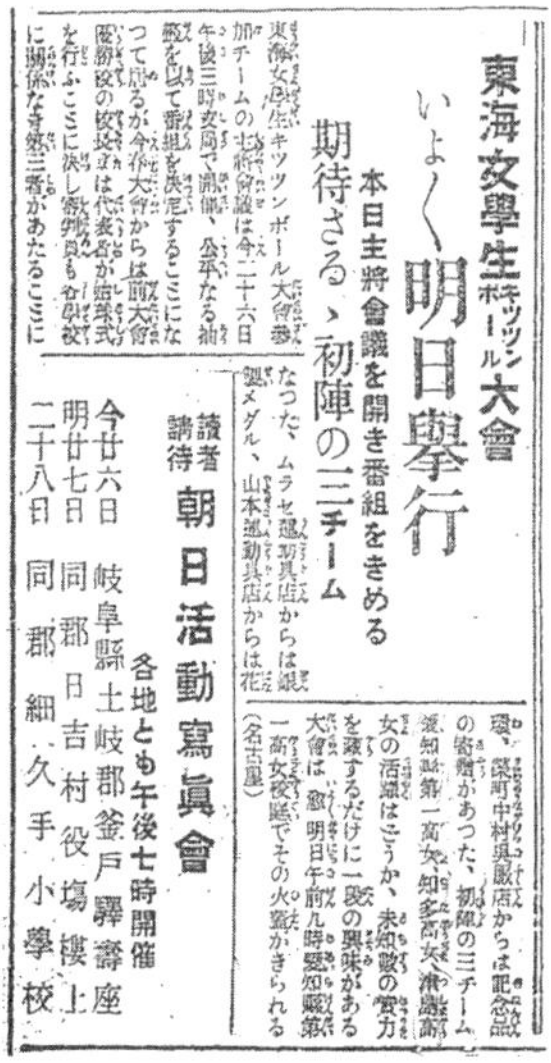

東海女學生キッツンボール大會
いよ／＼明日擧行
本日主將會議を開き番組をきめる
期待さるゝ初陣の三チーム

東海女學生キッツンボール大會參加チームの主將會議は今二十六日午後三時支局で開催、公平なる抽籤を以て番組を決定することになつて居るが今春大會からは前大會優勝校の校長又は代表者が始球式を行ふことに決し審判員も各學校に關係なき第三者があたることになつた、ムラセ運動具店からは銀製メダル、山本運動具店からは花環、榮町中村呉服店からは記念品の寄贈があつた、初陣の三チーム愛知縣第一高女、知多高女、津島高女の活躍はどうか、未知數の實力を藏するだけに一段の興味がある大會は愈明日午前九時愛知縣第一高女校庭でその火蓋がきられる（名古屋）

讀者請待 朝日活動寫眞會
各地とも午後七時開催
今廿六日 岐阜縣土岐郡釜戸驛壽座
明廿七日 同郡日吉村役場樓上
二十八日 同郡細久手小學校

①第３回東海女学生キッツンボール大会　予告記事

（『大阪朝日新聞』1924年４月26日）

春日を浴びて胡蝶の如く
五校の乙女覇を爭ふ
萬餘の觀衆に埋め盡されたその日の戰場
第三回東海女學生キッツンボール大會

東海球界年中行事の一たる東海女學生キッツンボール大會は本社名古屋通信部後援、名古屋キッツンボール倶樂部主催の下に二十七日愛知縣立第一高女校庭で開始され參加校は前回出場の名古屋市立第一、名古屋私立高女の外に愛知縣立第一と半田高女、津島高女の遠來の雄を迎へ都合五校、此の日晴天無風にグラウンドは萬餘の女學生を以て埋め盡さる。

選手入場式
＝優勝旗返還式＝
午前九時前回の優勝校名古屋市立第一を先頭に[illegible]入場式をなし[illegible]から優勝旗が返還される次で縣立第一と知多高女の對戰に先立ち岡崎本社名古屋通信部主任の始球式があり、先づ大會の第一球が空に躍る

縣立一女大勝す
◇十五A對五◇

[illegible]

津島高女零敗
◇十五A對零◇

[illegible]

名古屋高女 第一回に先

②第３回東海女学生キッツンボール大会　試合結果

（『大阪朝日新聞』1924年4月28日）

明二日火蓋を切る
キツンボール戰

東海運動競技界に一新時代を造つたと各方面から多大の期待と…を受けてゐる、大阪朝日新聞社名古屋通信部後援、名古屋キツンボール倶樂部主催第一回東海キツンボール大會は愈明二日午前九時から（雨天の時は三日午前…時から）…押切線の押切終點で下車西へ四丁）なる愛知女子師範學校校庭で火蓋を切る筈である、参加ティームたる市立第一高女、愛知女子師範、名古屋高女の三校は實力伯仲で必ずや火の出るやうな白熱戰が演出されることであらう女子師範がどんな陣容で出戰するか名古屋高女がどんな戰法をとるか、市立第一高女がどんな作戰に出るか……興味ある問題である初夏の風薫る空にうら若き至純な乙女が…のグラウンドに覇を爭ふ様は如何に美しく而して雄々しいことであらう

始球式 始球式は我社名古屋通信部長…氏の手によつて行ふことに決した

花環と參加章 名古屋市中區末廣町山本運動具店からは今夏大會の勝を制し優勝ティームに花環の寄附と東區小市場町ムラセ運動具店からは參加選手諸嬢へ參加章として賞牌寄附の申込みがあつた（名古屋）

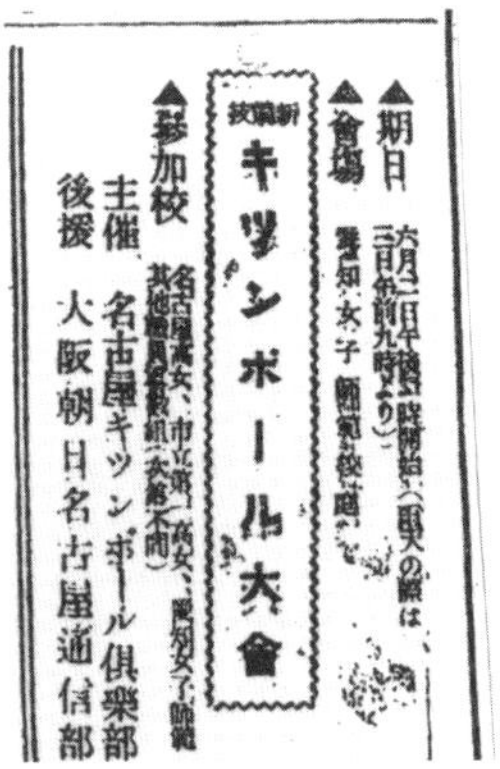

▲期日 六月二日午前九時開始（雨天の際は三日午前九時より）
▲會場 愛知女子師範校庭

新競技
キツンボール大會

▲參加校 名古屋高女、市立第一高女、愛知女子師範 其他…（大略不問）
主催 名古屋キツンボール倶樂部
後援 大阪朝日名古屋通信部

第１回東海女学生キッツンボール大会　予告記事

第１回東海女学生キッツンボール大会　開催告知

（『大阪朝日新聞』1923年６月１日）

可憐な早慶戰
月桂冠は名古屋高女へ

大阪朝日新聞社名古屋通信部後援名古屋キツンボール倶樂部主催の第一回東海キツンボール大會は二日午後二時から愛知女子師範校庭で擧行されたが絶好の試合日和とて觀衆場に溢れ未曾有の盛況であつた

名女、女師の對戰

大會の劈頭戰は名古屋高女對女子師範の試合によつて開かれた、…

優勝戰

市立第一對名古屋高女の優勝戰は午後四時二十分から市立第一先攻林（球）藤井（壘）安江（壘）三氏審判の下に開始された

名女十一A市立九

…さい早慶戰である六回の裏にはいつて名高女が入れた二點は永遠のもので市立第一のためには致命傷となつた市立第一の乙女等は奮闘健闘したが武運拙なく遂に敗れた

第１回東海女学生キッツンボール大会　試合結果

（『大阪朝日新聞』1923年６月３日）

優勝戦の挨拶
（名高女対第一高女）

試合前の挨拶
（第一高女対愛知女子師範学校）

表彰式
県立第一高女校庭（前、県文化講堂）

試合前のジャンケン

名高女の大会優勝記念

選手の応援風景

第１回東海女学生キッツンボール大会（1923年６月）
（桑原稲敏氏所蔵）

第３回キッツンボール大会優勝の名古屋市立第一高等女学校チーム
（『創造とスポーツ科学』2011年）

名古屋市立第一高等女学校におけるキッツンボールの競技会参加

競技会の名称	期日	参加校 市立第一	名高女	女子師範	県立第一	県立第二	津島
①キッツンボール競技会	大正11.10.23	●	○	○			
②第１回東海女学生キッツンボール大会	大正12. 6 . 2	○	●	○			
③第２回　〃	大正12.11.10	●	○	○		○	○
④第３回　〃	大正13. 4 .27	●	○		○		○
⑤第４回　〃	大正13.10.31	○	●		○		
⑥第５回　〃	大正14. 5 .11	●	○		○		
⑦第６回　〃	大正14.11.22	○	●		○		

注 ○●参加、●優勝を示す。
①日本臣道会主催、新愛知新聞社後援
②～⑦名古屋キッツンボール倶楽部主催、大阪朝日新聞社名古屋通信部後援
（庄司節子『名古屋市立第一高等女学校におけるキッツンボールの受容』1997年より作成）

6　大会参加選手の回想

当時のキッツンボール大会を回想して、名古屋高等女学校の卒業生は、次のように述べている[17]。

「父が大反対でした。でも私の熱意に負けてしぶしぶ許してくれていたのだと思います。ですから娘が暗くなってから帰ってくるなんて、ご近所への聞こえがよくないとしょっちゅう言ってました。校長先生の証明書をご近所によく分かるように背中に貼って帰れなどとも申しましてね。――それほどの父が、あの最後の試合を見にきてくれていたんです。物かげに隠れているのをチームの人が見つけて――あの人、あなたのお父さんじゃない？――試合が終わるとすぐ私を優勝祝いの食事に連れていってくれました。そんなわけであの日の校長先生のお声と父の声は今でも聞こえてきます。」

また、別の卒業生は、「グラブを使用しないで、投球もすべて素手で受ける。突き指は日常茶飯事であった。和先生が指を引っ張る。冬はそれに加えて掌全体にあかぎれを生じて、ボールを受けるごとに血がにじんだ。――強制されるわけでもないのにだれも逃げ出さなかったのは、結局、好きだった、楽しかったことに尽きると思います」と述べている。

越原はルールの複雑なゲーム程、技術が必要であり、またむずかしいのであるが、「面白くて楽しい」ということを知っていて、前述の八項目の結論に達したと思われる。

第６回キッツンボール大会優勝の名高女チーム
（中央が越原和校長、1925年）
（越原記念館蔵）

名高女優勝
絶好の運動日和で
すこぶる盛況を呈した
キッツンボール大會
名高女2A市立1

第６回キッツンボール大会優勝
（名高女）の記事
（『大阪朝日新聞』東海版、1925年
11月24日）

1924（大正13）年
東海キッツンボール大会優勝旗
（第６回大会優勝の名古屋高等女学校）
（タテ66㎝、ヨコ37㎝））
（越原記念館蔵）

7　愛知県知多高等女学校の「キッツンボール」

わずかな資料でわかったのは愛知県知多高等女学校（現愛知県立半田高等学校）のキッツンボールである。その記念誌には、「キッツンボールとは現状のソフトボールのことで、本校では大正十三年頃より行われるようになった。大正十三年度の校友会は（中略）運動部はさらに庭球部、キッツンボール部、水泳部、徒歩部、に分かれて各自活動した。同年二学期になってから非常に盛んになり、先生と生徒の試合も行われるようになった。」と記されている。[18]

愛知県下知多半島でもキッツンボールが行われていたことがわかる。名古屋地区以外でも、全国各地の高等女学校で、インドア・ベースボールが行われていた。

こうした野球型競技が行われた女学校は、後述の鈴木江北によれば、岡崎高女、宇都宮高女、栃木高女、水戸高女、仙台高女などがあり、私が調べた限りでは、愛知県立第一高女、今治高女、玉井高女、市岡高女、梅田高女、清水谷高女、夕日ヶ丘高女、大阪女子師範、樟蔭高女、愛知女子師範、愛知県立第二高女、西尾町立高女など、他にも静岡、横浜、大連と旅順（共に現中国）など相当数あると考えられ、全国的に行われていたものとみられるが詳細は不明である。

また、文部省の『女子体育状況調査』によれば、全国の女学校の体育状況が以下のようにあげられている。[19]

「第三　正規の體操時間外又は休暇中に行ふ諸運動」

京都府立女子師範学校　「4、放課後に行ふ運動」の項に「最近ベースボール（軟球）を試み居れども未だ其適不適を適確に断定する能はず」。

愛知県立第一高等女学校　行われている遊戯種類として「軟式野球」。

愛媛県立今治高等女学校　「一、正規の体操時間外に伴ふ諸運動」の項に「女子野球」。

「第四　最も奨勵せる運動」

愛知県　インドアベースボール（愛知県女子師範学校、愛知県立第二高等女学校、西尾町立高等女学校、愛知淑徳高等女学校）

愛媛県　女子野球（今治高等女学校）

山口県　球技及野球（船木女子技芸学校）

※船木女子技芸学校は設立三〇年足らずで廃校になってしまった船木実科高等女学校の前身。昭和十一年廃校。

8　全国的な批判により中止となる——鈴木江北の反論

しかしながら、一九一一（大正十）年頃から、全国的に盛んになったこれらの高女に対し、学校内外から批判が起こり、急速に下火になっていくのである。それは、後述の「野球」の場合と同じである。鈴木江北は、このような動きに対し、「女子に野球をしてはならぬという法はない。野球技の体育的効果は、無味乾燥な形式的な体操よりも遥かに大である。（中略）学校当局者は、女子の運動慾を抑止せず、野球、陸上競技、水泳等彼女らの好むを自由にやらせるべきである。女子の運動慾を抑止する教育家は、女子体育の妨害者である」と反論した。[20]

9　女子野球（キッツンボール）の終焉

いつの時代にも、新しいものの出現には賛成反対が伴う。大正期の大衆文化の普及につれ、進取に富んだ教育者が女子体育の改革に取り組んだ。陸上競技、バスケットボール、バレーボール、水泳競技などは女学校を中心に広がった。

インドア・ベースボールやキッツンボールも女学校から始まっている。「選手は成績優秀で憧れの的」「生徒や先生、兄弟姉妹は賛成でも親は反対」とか、「母や祖母が厳しい」「生理的に許される限り、フットボール、跳躍競技、ベースボールその他なんでも奨励してよい」など種々の意見がだされていた。

『報知新聞』の「女子に過激な運動を奨励してよいか」という記事にたいして高等女学校校長会の二六校のうち賛成十二校、条件付き賛成九校、反対二校、全面反対三校であった。多くの学校ではどの競技が過激とは考えていなかったと思われる。少数派は「我国従来の習慣並ニ服装等の関係に鑑み奨励することはできない」と「女らしさ」を求めている。[21]

愛知県議会では、女生徒の体育時の服装について、以下のように議論が交わされた。[22]

○女生徒服装問題で論難

十一月二十六日の教育費一読会で、小池菊次郎議員から「巷の塵」と題する新聞記事を朗読して『事実とすればオテンバの共進会を開いたような奇観であったろうと思う。当今社会には思想界動揺して軽卒な人が生じつつある。この際において女学生徒をしてかかる軽卒なオテンバ化せしめるような運動行為ははなはだ感服できない。学校当時者が体育奨励のため熱心なる精神は了とするも、物には程度がある』と当局を論難した。これに対して重信文敏学務課長　洋装にするか、あるいはどの程度がよいか、総じて日本婦人の徳操を失わずに相当の成案を得るということは非常に研究すべき問題と思う。ただいま質問のことは尋常六年から高等料の生徒で、未熟な子供であり決して風紀を害するおそれはないと思う。今日の社会は文展等で成熟した婦人の裸体画をも見せる時代である。あの程度の服装でも差しつかえないと思っている。

と、過渡期にある女生徒の体育時の服装問題に論及して、括り袴の不便を説き「むしろ袴なしの方が非常に活発に運動ができる」と言明した。この挑戦的態度に憤慨した橋本鐐太郎議員は『今日の愛知県下におけるところの女子の風紀に支障ないという答弁であるが、当日の臨席者より大変見苦しかったと聞いている。このように大多数が見苦しいと認めているにかかわらず、当局はそれでも差しつかえないという趣旨か』と重ねて答弁を求めたが、重信学務課長は「重ねて申すまでもない。それに間違いはない』とあっさりはねつけた。

腕切り襦袢にパンツ　当時県下各学校の女教員の体操時の服装は、和服で括り袴を最上のものとしていたので、重信学務課長の答弁は一種の爆弾宣言ともなった。

数日後の十一月二十八日開かれた西春日井郡女教員修養会秋季大会では女教員の体操時間中の服装をいかにすべきかがとりあげられ、新川小学校の後藤訓導が白の晒し木綿で調整した腕切り襦袢にパンツという服装でその範を示し、討議の末結局括り袴より軽装と決しこれを採用することとなって県下にその先鞭をつけた。しかしこれが実際に行なわれたかどうかは疑問である。今から見れば珍奇な服装であるが、宮尾知事も和服に靴ばきという姿で連日県会に臨席した時代である。

巷の塵

話は一寸古いが去十四日の月曜日、第一県立高等女学校で秋季校内運動会を開いた。その際県下の小学校女生徒をして選手競走を行った。ところが学校当事者は何ふ云ふ考へがあったのか解らないが、女生徒の選手を下衣一枚にして校庭を走らした。選手の中には予て競走の準備をして居ったものは猿又シャツを着用で、先づ無難であったが、大多数の者、殊に郡部から来た選手は其準備がない。夫れで襦袢の儘や腰巻で校庭を走った。其殺風景なるは到底御話にならぬ。醜態言語に絶し甚だ風俗を害するものがあった。女子を訓育する当事者が之に気が付かねと云ふのは甚だ不埒であると、参観者の多数は憤慨して居った。（掲載新聞不明のため会議録による）

大阪市内の私立高等女学校が生徒の対外試合禁止を申しあわせたことも反響を呼んだ。「女子が人前で太い脚部をさらけ出して走るなどはみっともない、やはり女子はしとやかさを貴び、人前で運動まですべきではない」と強烈な反対意見もあった。

そして後述のように、一九二五（大正十四）年文部省主催の全国高等女学校校長会議において「体育ニ關スル件」がとりあげられた。冒頭、岡田文部大臣から女性スポーツ振興について「弊害ヲ生ズル虞ガアル」「運動ノ種類ナドニハ女子ニ屢々過激ナルモノアル」「女子ノ三徳ト相容レザルモノ」があると言われ、校長会で運動種目を検討し「インドア・ベースボール、バスケットボール、スキーが女子には過激ならん」として種目選択には考慮することを促している。

その後、一九二六（大正十五）年発布の「改正学校体操教授要目」では種目の増加にもかかわらず、「インドアベースボール」は「女子が足を開いてバットを振るなど最も女子らしからぬ行為」として女子教材から不採用とされた。

これは女子スポーツへの社会の関心が高くなるにつれて女性の身体への視線が日本的スポーツ文化の中の、「野球型スポーツ」＝「男性のもの」というメンタリティーに触れた結果消滅したのであった。庄司氏はこれを「ジェンダー・バックラッシュ」であると述べている[(23)]。

以後は、国内で細々と行われたほか満州で行われるのみとなった。陸上選手として世界的に有名になる人見絹枝選手が「国際競技会」で活躍し、一九二八（昭和三）年のアムステルダム・オリンピックで陸上八〇〇ｍの銀メダルに輝いたのは、女子野球禁止の直後のことである。

注

（1）佐藤光房『もうひとつのプロ野球──山本栄一郎の数奇な生涯』朝日新聞社、一九八六年。
東田一朔『プロ野球誕生前後──球史の空白をうめる』東海大学出版会、一九八九年。

初代松旭斎天勝『魔術の女王一代記』かのう書房、一九九一年、一五七－一六六頁。

（2）大正時代の社会的背景の参考として、
下川耿史編『近代子ども史年表　一八六八－一九二六　明治大正編』河出書房新社　二〇〇二年。

川村邦光『オトメの身体──女の近代とセクシャアリティ』紀伊國屋書店、一九九四年。

秋山正美『少女たちの昭和史』新潮社、一九九二年。

鹿野政直『婦人・女性・おんな──女性史の問い』岩波書店、一九八九年。

井上正子『ためさるる日』法藏館、二〇二三年。

船曳由美『一〇〇年前の女の子』講談社、二〇一〇年。

（3）岸野雄三他編『近代体育スポーツ年表　新版』大修館書店、一九八六年、一三四頁。

（4）愛媛県立今治北高等学校編『北桜──創立八〇周年記念誌』愛媛県立今治北高等学校創立八〇周年記念事業期成会、一九七九年。
愛媛県立今治北高等学校創立百周年記念通史編集委員会編『愛媛県立今治北高等学校創立百周年記念通史』愛媛県立今治北高等学校、一九九九年。

（5）大谷武一「野外運動及び球戯」内務省編『運動競技全書』朝日新聞社、一九二五年所収、二九一－二九四頁。大谷は本書でインドア・ベースボールとプレイグラウンド・ボールを紹介している。

（6）渡辺融「ソフトボール」日本体育協会監修『最新スポーツ大事典』大修館書店、一九八七年、六九五頁。

（7）廣瀬謙三「女學生野球大會記」『野球界』一九一九年六月号、四三頁。

（8）学園史編纂委員会編『愛知淑徳学園史──創立六十周年記念』愛知淑徳学園、一九六五年、一一三－一一八頁。
熊本県立第一高等女学校清香会編『済美』第十七号（一九二二）、及び卒業生比嘉ウタ先生への聞き書き。

（9）横井春野『少女運動競技の仕方』三徳社書店、一九二三年。
（10）廣瀬謙三「インドアベースボールを薦む――女子に適好な簡易野球」『運動世界』一九二三年十一月号。
（11）越原和「女子と野球」『名古屋毎日新聞』一九二二年十一月六日。
（12）越原和「女子に野球を奨励す」『野球界』一九一九年六月号、十二頁。
（13）越原和「女子體育問題」『野球界』一九二〇年四月号、十五頁。
（14）前掲「女子に野球を奨励す」十三頁。
（15）前掲「女子に野球を奨励す」十三―十四頁。
（16）『大阪朝日新聞』一九二三年六月一日、二日、六日付、『新愛知新聞』一九二三年六月五日付。
（17）庄司節子「近代日本における女性スポーツの創造――大正期の東海女学生キッツンボール大会への視線」東海体育学会編『創造とスポーツ科学』杏林書院、二〇一一年、六三頁。
（18）越原学園七〇年史編集委員会編『学園七〇年史　春嵐』越原学園、一九八五年、八四―八七頁。
（19）愛知県立半田高等学校『愛知県立半田高等学校誌』愛知県立半田高等学校創立記念事業実行委員会、一九八〇年、二〇六頁。
（20）文部省編『女子体育状況調査』文部省、一九二〇年。
（21）鈴木江北「女子野球夜話」『野球界』一九二二年八月号、五四―五五頁。
（22）前掲「女子野球夜話」。
（23）愛知県議会事務局編「第三節　大正九年通常県会　第二項　女生徒服装問題」『愛知県議会史』第五巻、愛知県議会、一九六四年、一八四―一八五頁。
江刺正吾『女性スポーツの社会学』不昧堂出版、一九九二年、一八〇―一八一頁。

前掲「近代日本における女性スポーツの創造――大正期の東海女学生キッツンボール大会への視線」六七―六九頁。

四　大正期における女子野球（Ⅱ）

1　軟式野球ボールの誕生

女子野球で忘れてはならないのは、高等女学校における軟式野球である。軟式野球は、わが国独特のものであるが、軟式ボールの誕生は京都である。京都少年野球研究会のメンバーだった鈴鹿栄（野球殿堂入り）、糸井浅治郎、有田辰三、富士野慶太郎、水原昭、石田秀太郎らにより、苦心の末につくり出されたものである。

そして、このボールを使用した最初の大会は、京都少年野球研究会主催による京都市小学校野球大会で一九一七（大正六）年の秋であった。全日本軟式野球連盟編『軟式野球史』（一九七六／昭和五

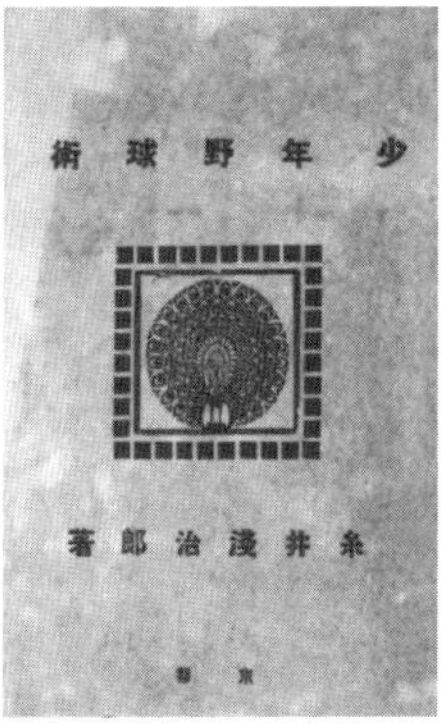

最初の軟式野球解説書
（『少年野球術』1918年）
（筆者蔵）

少年野球大会公認球
（『少年野球術』広告欄）

第５回全国少年野球優勝大会　京都市乾小学校優勝チーム（1924年）
（『乾百年史』1970年）

一年）によれば、最初の大会は、一九一九（大正八）年としているが、糸井浅治郎著『少年野球術』（一九一八／大正七年）によれば、すでに一九一七年、大阪毎日新聞社主催で、京都市少年野球大会が開催されていることが判明した。

主催者こそ異なるが、実際には、軟式ボールの大会は、二年も前から行われていたことになる。[1]

そして、一九二〇（大正九）年、「大日本少年野球協会」が、糸井浅治郎、横井春野の努力で結成され、「第一回全国少年野球大会」（全国少年野球優勝大会ではなく、横井の著作では全国少年野球大会と表記されている）が兵庫県鳴尾運動場で、八月二日より三日間、二六校が参加して行われた。

興味深いのは、その大会で使われたボールは、前掲の軟式ボールとは異なる協会公認ボールであった。[2]

ちなみに「軟式野球」なる名称の正式決定は、一九二八（昭和三）年とされている。[3]

2　高等女学校における「軟式野球」の誕生

大正時代、和歌山県には中等学校の野球部に強豪が多く、特に、和歌山中学は、一九二一、二二（大正十、十二）年と二年連続して夏の甲子園における全国中等学校優勝野球大会に優勝したこともあり、いやが上にも野球熱は沸き上がっていた。その影響もあろうか、一九二二年、県立和歌山高等女学校（現和歌山桐蔭高等学校）、粉河高等女学校（現粉河高等学校）、橋本高等女学校（現橋本高等学校）に野球部が結成された。和歌山高女は薗部倭校長、粉河高女は立石亮校長の肝入りであった。一九二三（大正十二）年には三校で対戦が行われた。

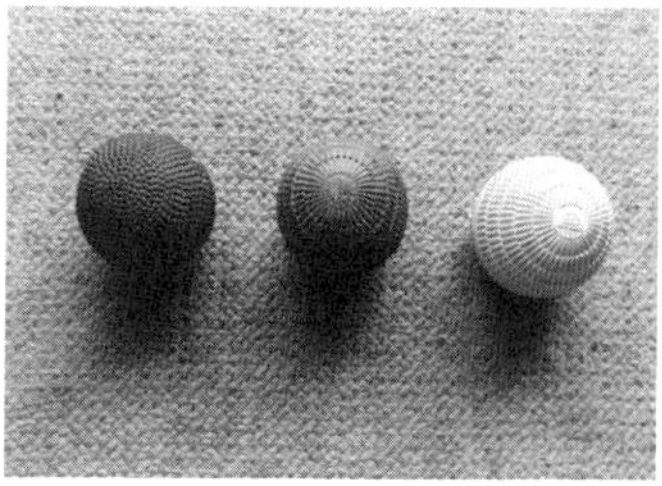

ボールの変遷（軟式ボール）
（左）明治・大正期のもの
（中・右）昭和期戦前から戦後のもの
（筆者蔵）

グローブ（大正期から昭和初期のもの）、ボール（大正期）
（筆者蔵）

現在使用されている
公認軟式野球ボール
（左）M型（中学生以上成人用）
（右）J型（小学生用）

3 「日本女子オリムピック大会」開催

さらに、大阪の市岡高等女学校（現港高等学校）、泉南高等女学校（現りんくう湘南高等学校）に野球部がつくられ、交歓試合が行われていた。

そして、一九二四（大正十三）年六月、大阪において「第一回日本女子オリムピック大会」が開催された。この時の競技種目は、陸上競技（五〇ｍ走から四〇〇ｍ走、他フィールド競技）、水泳（自由形、平泳、背泳、飛び込み）、硬式テニス、軟式テニス、バレーボール、バスケットボール、そして（軟式）野球があった[4]。

女子野球に参加したのは、和歌山高女、粉河高女、市岡高女、泉南高女の四校であった。初戦の和歌山高女対泉南高女は、二六対九で和歌山高女が五回コールド勝ちした。粉河高女対市岡高女は、十二対二で粉河の大勝となった。

いよいよ優勝戦。当時の記録によると、午後三時試合開始。球審は佐伯達夫（のちの日本高等学校野球連盟会長）、和歌山先攻。粉河先取点を取るも、和歌山二回に猛攻七点を取り優勢となり、粉河反撃するも叶わず十四対十一で和歌山高女の初優勝となった。試合終了五時五分であった。

和歌山と粉河の安打数九本と五本、三振十三と八、四球十二と七、盗塁七と十一等々であった。安打と四球と二回の七点が勝敗を分けたといえそうである。

当時の新聞評には、「バッテリーで、和歌山が勝っていたのが勝因で、和歌山の投手河野嬢の堂々たる速球は巧に敵の虚を衝いて概ね凡打に仕留めていた。（中略）和歌山の後藤捕手の元気と好捕も全選手を明るい気持ちに置いたのも勝因の一つに数えて宜しい」とある。新聞の見出しも大きく、「第一回日本女子オリムピック大会　凛々しい姿で素晴らしい競技振り　千八百余の好選手に五万の観衆　美しく彩られた築港運動場」と書かれていた。[5]

和歌山高女チーム
（中央が加藤冬さん（p. 57））
1923年
（和歌山県立桐蔭高校所蔵）

第１回日本女子オリムピック大会で優勝した
和歌山高女チーム
（前列右から二人目が柳繁代さん（p. 53））
（和歌山県立桐蔭高校所蔵）

野球 午前九時廿五分開始

大阪泉南、市岡、和歌山、粉河の四高女參加

和歌山26泉南9　朝井

(球)村上(壘)両氏審判、泉南先攻

泉南は河野敵投手に封ぜられて手が出ず第三回北島投手に代つた時六點を得、再び河野と代つて四球連發に三點を得たが和歌山軍は第一回に四球連續と河野の本壘打に一舉十四點を收め、二回五點、三回七點計廿六點を納めた

泉南	
P	田代
3B.C.P	石垣
RF	阪上
SS	河合
LF	日井
1B	西出
2B	松原
CF	須藤
C.3B	多田

打數 十三　安打 〇　四球 十二　犧打 〇　三振 十一　失策 五　盗壘 一

和歌山	
SS.P.C	北島
CF	村上
2B	川村
C	後藤
P.LF	河野
RF	西岡
LF.SS	和田
3B	竹葉
1B	川西

打數 十七　安打 十三　四球 二十　犧打 〇　三振 八　失策 一　盗壘 廿二

粉河12市岡2　内海(球)岡田(壘)両氏審判市岡先攻、粉河終始優勢で六回戰で終る

市岡高女	
P	佐藤
2B	首藤
C	安藤
SS	白井
3B	平尾
CF	酒井
LF	渡邊
RF	金澤
1B	新山

打數 十八　安打 二　四球 八　犧打 〇　三振 四　盗壘 六　失策 五

粉河高女	
SS	龜井
RF	藤本
2B	田中
P	木村
C	田村
3B	釘貫
CF	松浦
1B	服田
LF	藤本

打數 廿五　安打 二　四球 八　犧打 〇　三振 四　盗壘 五　失策 二

和歌山優勝す

和歌山高女對粉河高女の決勝野球戰は午後三時から擧行(球佐伯、壘川越)和歌山先攻粉河第一回一點を先取したが第二回和歌山猛襲して一舉七點を擧げ粉河も三點を恢復したが依然和歌山優勢で最終の七回に至り僅か三點の差となり極度に緊張したが和歌山好守して入らしめず十四對十一で和歌山の優勝に歸し五時五分閉戰

和歌山高女	
SS	北島
CF	村上
2B	川村
C	後藤
P	河野
RF	西岡
LF	和田
3B	竹葉
1B	川西

打數 三三　安打 九　三振 十三　四球 十二　犧打 零　盗壘 七　失策 五

粉河高女	
SS	龜井
RF	藤本
2B	田中
P	木村
C	田村
3B	釘貫
CF	松浦
1B	服田
LF	藤本

打數 三一　安打 一　三振 五　四球 八　犧打 七　盗壘 零　失策 十三

第１回日本女子オリムピック大会における準決勝、決勝戦のスコア
(『日本女子オリムピック年鑑』1924年)

第１回日本女子オリムピック大会　和歌山高女と粉河高女の優勝戦
(球審佐伯達夫は後の高野連会長)
(『日本女子オリムピック年鑑』1924年)

第１回日本女子オリムピック大会で優勝した和歌山高女チーム
(『日本女子オリムピック年鑑』1924年)

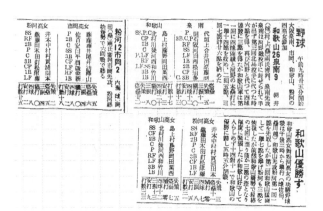

4　大会参加選手の回想

①　柳繁代さんの回想

この時の捕手・四番バッターで、主将を務めた柳繁代（旧姓後藤）さんに、お会いして当時の大会の様子を伺った。八〇歳をこえてお元気そのもので、第一回女子オリムピック大会優勝の記念写真は私が図書館で半日がかりでみつけたもので、その甲斐があったというものである。

以下は、柳さんからの聞き書きである。(6)

柳さんによれば、当時、野球をやり始めたのは薗部倭校長の肝煎りで、体操の時間に「野球部をつくろう」という話が先生からあったのがきっかけだったという。「部員は、ルールについて特訓を受け、試験中でもキャッチボールだけはやりましたよ」と言われる。

用語はすべて英語名で、イニングは七回、捕手は、マスクやプロテクターはなかったという。優勝の記念写真で着ているユニフォームは、上は男子の開襟シャツ、下は生徒たちの考案によるもので、共に手作りであった。木綿の縞の原反を裁ち分け、手縫いで仕立てた。頭髪は、後ろで束ねて丸める

第１回日本女子オリムピック大会
野球の優勝戦の思い出を語る柳繁代さん
（筆者撮影）

のが校則だったので、紫の布を買ってきて切り分け鉢巻きをした。親に反対された生徒たちは、内緒で部活動にはげんだ。柳さんは、親の理解もあり、「野球が好きで、卒業後、更に一年間専攻科へ進みました」という。柳さんの笑顔を絶やさない柔らかな話しぶりに、当時の回想は尽きないのであった。

後日、いただいたお手紙には次のように思い出の一文が書かれていた。

優勝メダルはいぶし銀
――女子野球のルーツ――

柳　繁代

当時、和歌山は和中野球部の全国大会連続優勝により、野球王国と沸き立っていた。四年生になった新学期早々「野球部を作るぞ！」の貼り紙がでた。忽ち十四、五人は名乗り出た。一年生からずっと体育部の委員を続けていた私は当然の事と参加した。女子のスポーツと言えば軟式テニスか卓球くらいでした。「良妻賢母」「男女七歳にして席を同じうせず」の厳しい教えに育った私たち、また、ラジオ、テレビも無い大正時代の事とて男子中学生の野球風景など見たこともなく、何人でどんな事をするのかも知らず、男の先生方も詳しいルールなど知らないらしい。そこで、県の体育協会の方や新聞社の方々のお世話で立派な指導者が来て下さることになった。その人の名は「小笠原道夫さん」和中野球部のＯＢで、当時は東大医学部の学生さんでした。当日、私達十四、五人は先生方と共に学校の大玄関に整列、最敬礼で迎えました。

私達は職員会議室を教室に小笠原さんから野球の講義を受けました。

小笠原さんは先ず小笠原道夫著「野球の見方」という小冊子を一同に配り、黒板に一塁、二塁、三塁、本塁、バッターボックス等描いて「正しい野球」の講義を事細かに教えてくれました。二日目も講義、三日目は運動場に出て先ずボールの握り方、キャッチボールの足の踏み出し方、フライの取り方、次はバットの握り方、振り方、バントの仕方等々事細かに教わった。その後各自守備位置につきシートノックを受け、先生方も外野のシートノックのやり方など教わった。私達は最敬礼して小笠原さんをお見送りした。かくして我が国最初の女子野球チームは誕生した。

翌日から放課後日暮れまで真っ黒になって運動場を駆け廻った。

そして、第一回日本女子オリムピックの優勝戦の折のハプニングを書いてくださった。

うっとうしい日がつづきます。過日は貴重な資料をありがとうございました。七十年前の自分の存在を更めて知りました。自分が捕手であった事、優勝した事は覚えていましたが主将で四番打者もやったとは思っていませんでした。そして、あの球審が高野連の佐伯会長であったとは驚き入りました。

実は優勝戦の四回目？だったか私は左眼にファウルチップの直撃を受け……マスクもプロテクターも着けない時代です……私は左眼を押えてしゃがみこんでしまいました。球審の方はタイムをかけてやさしくタオルで冷やしてくれました。二十分後私は片目で試合をつづけ優勝致しました。左眼は閉じ青黒くふくれ上がり一ヶ月以上母を嘆かせました。それでも眼科に行くこともせず……大正時代とはそんなものでした。

当時の生々しい様子が手にとるように伝わってくる。

お蔭様で、足腰は達者で九〇歳を迎えました。今年の夏はアトランタ（五輪）を楽しみ、時々、野茂（英雄）に声援を送り、高校野球の決勝戦を見せてもらいました。

両の手に　ダンベル握り庭歩む
大正球女　健在なるぞ

柳さんは短歌もたしなまれ、歌集『久ちなしの花』をお送りくださった。その中に、

私の銀メダル
銀メダル高くかざして遠き日の
汗と涙の思い出を呼ぶ

野球王国和歌山にして生まれたる
和高女チームの我は捕手なりき

② 加藤冬さんの回想

柳さんのご紹介で、同じ和歌山高女の野球部で活躍した加藤冬（旧姓土橋）さんにお話をお聞きした。

加藤さんは物静かなおばあちゃんという感じの方で、「当時、和歌山中学野球部の全盛期で、その影響もあって和歌山高女に軟式野球部がつくられた」こと、自由の気風が強かったせいで、学校側も女子の野球を積極的に支援し、また多くの学生が家庭の理解も得て、毎日、一時間位練習し、加藤さんも母がスポーツ好きで試合の応援に来てくれたそうである。「今でも野球が大好きでテレビでよく見ますよ」と言われた。

和歌山高女アルバムから（前列中央が加藤冬さん。当時の女学生の正装である。）
（私家版『大正の球女』1994年）

大正期に共に闘った和歌山高女、粉河高女のＯＧの皆さんや、佐伯ヨシ子さん（佐伯達夫夫人）らと甲子園で高校野球を見学された折の「回想記」の中で、和歌山高女時代の野球についてのべられている。それを、ご子息吉史氏が送ってくださった。(7)

「大正十二年九月一日東京大震災の日、私は和歌山県立高等女学校の四年生でした。其の当時、和歌山中学は野球が強くて二年続けて甲子園で優勝しました。そのため選手はアメリカまで行って来ました。だから和歌山高女も女子野球をやるようになりました。毎日、放課後は練習をやりました。マリは少し固いブツブツの有る物でした。グローブをはめてやりました。和歌山中学からも来て教えてくれました。大阪へも遠征してやりました。毎日とても楽しかったです。私の母もとてもスポーツが好きで良く見に来てくれました。妹はテニスを弟は水泳をやりました。

それからしばらくして、女子には野球は無理だという事で止めになりました。好きな野球でしたので皆とても残念に思いました。でも、今この歳になって野球を見て楽しむことができるのも其の時にやっていたおかげだと有難く思います。今では高校の野球からプロ野球まで何でもテレビで見て楽しんで居ります。」

後日、いただいたお手紙には、「朝夕は、めっきり涼しくなりました。過日は遠い所をお越しいただき、楽しい野球の話をお聞かせ下さり、六〇年前の事を思い出させて頂き、本当に有難うございました。（中略）これから先、何年生きられるかわかりませんが、生きている間は、野球を見て楽しんで行く事と思います」と結ばれていた。

手紙を拝見して、若い時に野球をやって本当に良かったというお気持ちがにじみ出て胸にくるものがあった。

③　小畑こうさんの回想

粉河高女で活躍された小畑こう（旧姓同じ）さんは、体調がすぐれないということで、お会いできなかった。しかし、電話の向こうから聞こえてくる声は、お元気そのもので、「娘時代の元気はありませんわ」と言いつつ、「男勝りの事やったら嫁に行けんと父に叱られましたが、やめませんでした」とふり返っておられた。

後日、ご自身の貴重なアルバムから、粉河高女時代の写真をはがして送ってくださった。この服装が、当時、生徒自らが考案した「ユニフォーム」だそうである(8)。

「今年も甲子園での熱戦は十日目を迎えて球児等の炎天下での活躍を心おどらせながら毎日見ています。今年からは女子マネージャーが登場していますね。そろそろ女子の野球も認められる時代になりましたね。その草分けの私共も間もなく九〇歳を迎える老婆になりましたが、若者と同じ画面見られるなんて幸せです。（筆者が勤務校の大学女子チームを率いて全国大会に参加することに対して）大学女子野球の全国大会参加の学生さんのご健闘を祈ります。」

「今でも高校野球の試合を見て選手がバッターボックスへ入って第一球を待つ時の緊張した気持ちを思う時、お相撲さんが土俵の上で向かい合って取り組む時

粉河高女の小畑こうさん（右）、
手製のユニフォーム

の気持ちも同じだろうか等、自問自答して見ています」と若々しい気持ちあふれる達筆なお手紙をいただいた。三十余年の間、教師を務められて、高等科の男子に野球を教えられ、女でも「野球通」の先生とはやされたということであった。

小畑さんは、温かい便りを何通も送ってくださった。

当時の状況を三人の方々にお伺いして思うのは、地元和歌山県の学校の自由な空気、校長はじめ、教員、親の良き理解あってはじめて嬉々として野球に打ち込むことができたであろうと想像することができる。「楽しき哉、野球」である。

5　大会の女子野球評

①「想像よりも遥かに見事」（佐伯達夫）

第一回日本女子オリムピック大会の女子野球について、決勝戦の主審を務めた佐伯達夫は、「実は私の胸中に描いて居た想像よりも遥に見事であったのには一驚しました。(9)」

「打撃守備分けて走塁に就ての練習や、研究の余地はいまだ十分有りますが、私は皆さん方の野球は投球の向上とか、余りに勝敗に拘泥することなしに、過去現在に於きまして比較的劣って居る女子の肉体の発達と言ふ考へを主なる目的として、野球を奨励していただきたいものだと思います。」

「野球は他の運動に比して面白い遊戯であります。面白いが為に兎々熱中し易いし、勇壮な為に粗暴になったり品性を下したりする事もあるので、何も男子の野球技と同じ様な方法で同じ様に行う必要はない」と述べている。

②「競技の性質上頭脳と動作の連絡を敏活ならしめたり」（木造龍蔵）

また、木造龍蔵は、大会に参加した四校女（和歌山高女、粉河高女、市岡高女、泉南高女）の試合を詳細に分析して最後に次のように述べている。[10]

「然らば野球は女子には不適当なものであろうか？　私は決して然らざるを力説したいと思ふのである。女子は習慣によって可なりに因循になって居る、それが空濶グラウンドに立って爽快にボールを打ち捲り勇敢にボールを捕らえるのであるから（中略）競技上の性質上から頭脳と動作の連絡を敏活ならしめたり投球の為に胸部を広むる上に脚力、体力を増進し体格を進めるには寧ろ他の各競技よりもより以上に効果がある事は断言するに憚らぬ所である」と強い調子で女子野球の普及を主張している。

③「男子に劣らぬ女子の活躍——日本女子オリムピック大会偶感」（野球戦評）

「日本女子オリムピック大会偶感」と題して野球戦評が次のように書かれている。[11]

四、野球

トラックや水泳がダンぐ男子のレコードに近づいて行く内に女子運動が何よりも遅れてゐるの

だ――その中でも泉南校は大阪の出場校が一校しか無いと聞いて、一、二年どころを糾合して出てゐるのだ――に過ぎないのを以て見てもその不振さを雄辯に物語ってゐる。

この四校中では矢張り和歌山県下の二校即ち和歌山高女と粉河高女が双璧であった。この二校の公式試合は今までに二回行はれ二度とも粉河が勝ってゐるので、大會前の予想では粉河のものと評判されてゐたが結果は是に反して和歌山の勝に帰したのである。

この決勝試合のみによって概評すればバッテリーで和歌山が優ってゐたのが勝因で、和歌山の投手河野孃の堂々たる速球は巧に敵の虛を衝いて概ね凡打に仕留めてゐたのに対し粉河の木村孃は時々カーブを捻って三振十三を得てゐるが一度好打されると忽ち外野に飛ばされて一個の三塁打三個の二塁打さへも見舞はれてゐる、それに粉河の疲労が余計に目立ってゐたのも考へねばならぬことであった。

あの好天氣でダブル・ゲームをするのであるから、相当疲れる事は誰でも氣のつく事であったのに決勝戦の前に和歌山も粉河も盛にフリー・バッティングを行ひ、フィールディングも随分長い時間やってゐた、これでは疲労するは当然で、シカも粉河方はどうでも本大會に勝たねばならぬというので固くなった為の一層行動が拘束されてゐたやうであった、和歌山の後藤捕手の元氣と好捕も全選手を明るい氣持に置いたのも勝因の一つに数へても宜しい。

一般に女子野球はまだ野球の形を少し侮へたといふだけで野球技を会得し、野球術に通達する迄にはなかなかの道程を経ねはなるまい、そして女子野球の発達を障碍するものに現在のボールの不適当といふ一因がある、バウンドで捕へようとすると大抵はエラーになる、投球するのに肩に影響したり、カーブして狙いが外れる、これでは興味も薄いし運動そのものの目的にも副はない、一日も早く準硬球といったやうなボールが制作される(こ)とが切望に堪へない。

多くの識者が女子野球を観戦した感想は、野球をはじめたばかりの女学生たちに対し技術的な問題よりも全体として女子野球普及のために好意的な見解が多くみられることが、よろこばしい気がする。

6　奈良県立櫻井高等女学校優勝

昭和初期に女子陸上界のホープとして国際的に活躍した人見絹枝（一九〇七－一九三一）は著書『女子スポーツを語る』の中で、櫻井高女が第二回女子オリムピック大会の野球大会で優勝したことについて次のように述べている。[12]

野　球

櫻井高女對櫻友俱樂部の野球戰は三時より樫原、寺島兩審判

櫻井先行で開催

櫻井よく打つて敵失に乘じ第一回４點、第七回２點を得たが櫻友第二回１點、第五回３點、第七回１點を入れ挽回につとめたが、15對６で櫻井高女優勝。

人見は陸上選手として多くの記録を残している。一九二六（大正十五）年の第三回日本女子オリムピックに（非公式）参加し、走幅跳（五・六m）、砲丸投（九・三九m）、野球ボール投げ（二五m）の記録を残している。一九二八（昭和三）年のアムステルダム国際オリンピックで八〇〇メートルでドイツ選手と競い合い、二分十七秒六で二位に入り銀メダルに輝き、国際的に有名になった。国内大会、国際大会で活躍し多くの記録を残したが、一九三一（昭和六）年、二十四歳の若さで過労から肺炎になり死亡した。陸上の競走、幅跳、槍投げ、砲丸投げなど、多くの種目に抜ん出ており、前途を考えると惜しみて余りある死であった。

また、次のような説明文とともに櫻井高女の校庭での練習の様子を写した貴重な写真が残されている。[13]

全国優勝をめざす野球部

全国大会優勝をめざして練習に励む桜井高等女学校野球部ナイン。練習の甲斐あって全国野球大会に優勝を遂げた。当時桜井高女生は毎日日没になるまで運動の練習に乙女の情熱を傾けた。彼女たちは全国の女子平均体位をはるかに上回り、俊才の集まりとしてだけでなく女子スポーツの面でもその名を全国に知られた。昭和一二年

桜井高等女学校野球部（『写真集明治大正昭和桜井』1980年）

生徒数の増加・体育向上促進のため運動場の拡張、東北隅に前面舞台の体育館の新設、排球・籠球コートの整備などがなされた。

7　今治高等女学校の野球部の活動

愛媛県内では、女子師範学校や県立今治高等女学校にて、競技が行われていた記録がある。

愛媛女子師範（現愛媛大学）では一九二一（大正十）年に教諭の田口角次郎が「本年度より野球部を新設することゝなつた」との記録を残している。[14]

愛媛県女子師範学校テンダーボール風景
（『小学校師範学校女学校興味ある競技遊戯』1921年）

① 「テニスボール」から「軟式野球ボール」へ

愛媛県立今治高等女学校（現今治北高等学校）は、一九一七（大正六）年にインドア・ベースボールをはじめていた。当初は、テニス用ゴム球を、テニスラケットで、ワンバウンドにしたものを打つというルールで行っていたが、一九一九（大正八）年ごろから、少年用野球毎日ボールを使用して行うようになったという。

この間の事情が『学友』に詳しく記されている。(15)

「大正七（一九一八）年に、野球を公然学校運動の一と採用する」ことにし、庭球部、その他の運動部の三部に分ち、教員、各学級から委員を選出し運動部の充実を期した。

この計画が大阪朝日新聞、地方の新聞に紹介された。

女学校に野球部が設けられたといふので一時は頗《すこぶ》る天下の人々の驚異と好奇心とを喚起した様であつて、名古屋の愛知新聞のごときは遙《はる》かに書を寄せて其の危険を如何なる方法にて予防しつつあるか、また女子には過激に非ざるか等と警告し、一方には早稲田大学野球部選手が、アメリカより取寄せたる『インドワーベースボール』なる物を紹介して来た。殊にジャパンタイムスには「日本に於ける最初の女学生の野球チーム」として外人にまで発表せられた。我が野球部の設置がかほどまで世人の耳目を聳動《しゅんどう》したかと寧《むし》ろ喫驚《きっきょう》にたへぬのである。今治高等女学校の運動部は誠に美しく全国に喧伝せられたのである。我等はこれらの記事を見て愉快に感じたと同時に一種の重荷を負はせられた事を切に感じる。

学校あげての運動部への取り組みに生徒の関心も高まり、次のような感想も聞かれるようになった。

或日の断片

第四学年　豊田すみれ

ワァ………パチ〳〵………大勢の拍手の音が聞こえる。

今日も亦野球の練習が始つてゐるのだらう。それにしても毎日々々熱心な事だ。読書に退屈した足は無意識に運動場の方へと………。広いグラウンドの中に散らばつた十余の選手連、赤い秋の入日が其の面に燃えてゐる。おゝさう〳〵私はこんな歌をいつか手帳にかきつけて置いたつけ。

球高く　かざして敵を　見渡せる

投手の腕に　赤き日のもゆ

折りしもカツー、と見事な打撃、ボールは強く中空をかすめてレフトに飛ぶ。皆の緊張した視線が一斉にレフトの球に向つて集中した。

――ツーダウン――交代――窓のガラスに黄金色の反射をみせた夕陽は段々と夕の暗に迫られてゆく。熱心な選手連の練習、毎日々々日はかくくれて野球の大会は刻一刻と近づいてくる。

（『学友』第一七号）

野球部

女子野球を始めたのは大正六年十一月上旬であった。（中略）運動時間や體操時間に練習して見ると頗る興味があるし又戸外的運動として最も體育の目的に適するやうであるから熱心に練習し初めた。時は之れ運動會のすんだ後で気候はまだ寒くなし運動熱の勃興した最中であるから全校生徒間に野球熱が急に拡まつたのである。此當時の球はテニス用ゴム球でバットはラケット其の上投手と本塁との間に一間に三尺位の短形のピッチャース、《ママ》ボックスを作り投手によりて一旦バウンドせられたるボールを一バンドで打つ仕方であつた。今から考へると極く幼稚な物である。十一月中旬頃には各級共皆チームを組織したので同月の下旬から仕合を初めたのである。第一回の大會は十二月二十三日といふ寒い日であつた。此時は二東二西三東四東四西及職員の六チームによつて勝負せられ二東が優勝した。（中略）此間ボールについて色々研究した結果遂に少年野球毎日ボールを適當と認め之を用ふる事としラケットは技倆上達せる者には廃してノック、バットを用ふる事とした。二學期になつてからも頻りに練習してゐるがどうも或一部の人のみに限られてゐる様である。野球は申すまでもなく運動のためにするので試合のために練習するのでないから誰でもドンドンやつたがよろしい。庭球野球共に寄宿生でも別にチームを組織し定例試合をなしつつ練習に怠ない。

②「応援歌」のエピソード

今治北高校が送ってくださった創立八〇周年記念誌『北桜』には、往時を偲ばせる写真と応援歌が掲載されている。また、貴重な試合中の写真などが残されている。

今治高女野球チーム
実科高女との定期戦試合に勝利（1920年頃）
ポジションを示す「たすき」をしている。
（『北桜』1979年）

今治高女の３年生と２年生の対抗試合の様子（1918年６月７日）
（『北桜』1979年）

今治高女の試合風景（1920年頃）
（『北桜』1979年）

今治高女練習風景
（『北桜』1979年）

今治県女野球応援歌

一、醒めよ醒めよ鼓打つ
時の進みに奮ひ立ち
なさけと意気の乙女子が
固き自信に育くまれ
隠忍努力二年に
得たる勝利の栄冠や

二、ノックの響き雲に入る
春の朝《あした》のフィルディング
マスクにかかるもみぢ葉の
秋の夕《ゆうべ》のバッティング
鍛えあげたるこの腕は
げに全校の花なれや

この応援歌は指導者中村敏男教諭と応援団との共同作詞であるという。しかし、指導に熱心な中村教諭は、和歌山県の男子中等野球の指導者として転勤され、同校を去った。すでにこの年、一部に「女子に野球は過激ならざるか」という議論があらわれた結果ではないかと同校記念誌は伝えている。(16)

今治高女野球部
（中央は、部長の中村敏男先生）
（『北桜』1979年）

次の写真は「第一回日本女子オリムピック大会」の種目の一部であるが、当時女子スポーツは盛んになっており、「女子に野球は過激ならざるか」という見解に対して、参考にもなるかと思われるものである。

ヴァレーボールの試合
（姫路高女対神戸市立高女）

水泳選手

鉄弾投射（砲丸投げ）

ファンシーダイビング

走高跳び

バスケットボールの試合

第１回日本女子オリムピック大会（1924年）

8　宮城県第二高等女学校の野球

宮城県第二高等女学校（現宮城県仙台二華高等学校）では一九二一（大正十）年、開明的な小倉博校長の後押しもあり野球をはじめた。ボールはインドア・ベースボールよりも柔らかいスポンジボールを使い、試合は七回制であった。宮城第一高女や女子師範とのリーグ戦創設が報じられたこともあったが残念ながら実現していない。男性のスポンジ野球チーム「マストン倶楽部」（仙台鉄道局高等官チーム）と対戦し、八対八の引分けの善戦ぶりを見せている。『学友会雑誌』には、次のように記されている。(17)

①『学友会雑誌』に見る「野球部」の記録（Ⅰ）

「過去一年の間疑問の目を以て見られた時には嘲笑の的ともなつた當部は本年に入てから女子の運動競技として動かす事の出來ない地歩を占むる迄に進んだのでございます。最も氣遣われた肩の弱さは練習の進むにつれて取除かれ投球捕球の見事なコントロールは時事記者の讃辞を余儀なくせしめた程でございました。四月から漸くチームの形も整うて規則正しい練習をする様になり二三回下級と上級とのゲームも試みたのでございます。そして最も嬉しく感ずる事は本宮の野球愛好者で組織されて居るのでございますから選手で氣心がそつくり合つて居り勝たなければならない相手もないのですから趣味丈にのんびりした練習をしてお互いそれを楽むことが出來ることでございます。」

②『学友会雑誌』に見る「野球部」の記録（Ⅱ）

「當部の内容は事実以上に屢々新聞などによつて報道せられた、本校に當部の設けられた事は著しく世間の好奇心を刺激したものと見える。しかし當部として別に新奇を衒ふ積りもなければ売名の具に供する考ないのはいふ迄もない。好きな事は何でもやれといふのが本校の主義だから、好き同志が集つてキヤツチボールをやつてをるといふ位に過ぎない、こんなわけで今春東京に開かれた體育展覧會の招待をも謝絶したのである、しかし第二學期に入つてはそれ丈では満足が出來なくなつたから、形状のチームを作つてシートノツクやフリーバツテングを試みた、要するに當部の設置は女子の運動としては新しい試みである、従來の野球が不適當として棄てられるか、それから女子獨特の新しい野球が生れるかは未決の問題である。」

宮城県第二高女野球部の思い出を語る懸田千代乃さん
（『われら野球人』1977年）

女子の野球は世間の耳目を集めたが学校としては新奇に片寄らず「好きな事は何でもやれ」という方針の下に「女子の運動としては新しい試み」として進取に富んだ精神が溢れているのが感ぜられるのである。

宮城県第一高等女学校でも、当時スポンジボールによる野球が行われたが、記録としては大正十一年に「インドア・ベースボール」の予算一〇円六〇銭の記録が残されているのみである。

宮城県第二高女野球部メンバー
(後列、小倉校長、星野先生、1923年)

(1924年)

(1923年頃)

(1924年)

宮城県第二高女野球部　練習風景

大和田初子投手（1924年）

（『二女高90年』1994年）

「杜の都仙台」においても、女子野球が盛んだったことが伺え大変興味深い。

9 関西地方における女子軟式野球大会

一九二三（大正十二）年十二月、大阪府立市岡高女校庭において、市岡、泉南、和歌山、粉河が参加して、大阪毎日主催女子軟式野球大会が行われた。市岡高女（現大阪府立港高等学校）は泉南高女に十一対二で勝利した。

また、和歌山県女子野球大会は七月、和歌山高女校庭で行われた。粉河、橋本、和歌山高女が参加し、粉河高女が五対四で和歌山高女を破り二戦二勝して優勝という記録もある。(18)

10 長野県松本高等女学校の野球

文武両道を目指した松本高女（現長野県松本蟻ヶ崎高等学校）は、一九二二（大正十一）年、国文学者として著名な土屋文明を校長として招いた。〝女性が男性と同列に認められること〟を目指したが、新時代にふさわしい女性の知的教養を目指した姿勢は、一部職員や保護者、松本の有力者、新聞など地域社会の反発をうけ、わずか二年で同校を去ることとなった。しかし、同高女は、進取に富んだ校長を中心に発展している。(19)

大阪府立市岡高女の野球試合
（1922年頃）
（『大阪府立港高校創立八十周年記念誌』1991年）

『長野県松本蟻ヶ崎高等学校七十年史』では、土屋校長の姿が次のように記されている。
「校長としての型破りの面　○運動日をきめて校長先生も一緒に運動し、ソフトや綱引きなどした。先生に声をかけてもらうのが嬉しかった。○職員と生徒との野球試合（ソフト）をよくやり、氷水やまんじゅうをとってくれた。」

また、同校の野球は大正八年ごろから行われていた[20]。

野球の状況

野球は大正八年の夏頃からボツ〳〵行つた事で、初めは道具が揃はなんで、唯球の投げ方や捕り方を練習する位のものであつたが、九年にはバツトもマスクも與へられ、津島先生は、之が指導者として練習を続けたから、技術も漸次上達したので、三年級や四年級には各チームも出来て、時々。試合をするやうになつた。十年になると、各自其季節の来るのを待ち兼ねて居たので、年度が更ると同時に三年級と四年級では各チームを組織した。今其顔觸を示すと、

校庭でソフトボールの前身のインドアベースボール
（『長野県松本蟻ヶ崎高等学校70年史』1971年）

	四年	三年
投手	小口	大槻
捕手	百瀬	田多井
遊撃	佐野	小松
一壘	降旗	宮島
二壘	小里	佐藤
三壘	小野	中島
中堅	西山	北原
左翼	佐々木	青木
右翼	瀧口	原

かくて六月二十七日を第一回として、三年四年の對抗試合をして、七月の末までに三回もした。其間には松崎先生を投手とし、上條先生を捕手とした職員のチームとも試合をした事もあつた。右選手の中で四年の小口投手のモーション、百瀬捕手の敏活なる何れの場所へ出ても恥づる所はない。又中堅西山の飛球を捕ふる、降旗一壘のバッチングの巧なる、何れも對手のチームをして撞着せしむる感がある。三年では投手大槻の猛球、遊撃小松の守り振り、二壘佐藤の守備の堅固なる皆見上げたものである。唯用球が硬球でなく、インドマーボールである爲めに、男子の其れのやうにキビ〳〵した所はないが、又負傷する恐れがない。之が女子の女子たる所である。本年の野球季節になつたら相當の活動をしてほしい。(T生)

11　広島県立甲山高等女学校の野球

一九二六（大正十五）年六月刊行の『會誌』によると、甲山高女（現広島県立世羅高等学校）「運動会」の種目、四十八種目中に「インダー（インドア）ベースボール」がみられる。

また、同校記念誌『鈴の音――八十年のあと』には、文化部、運動部の活動の紹介写真の中に「ベースボール」がある。投手―捕手（二人）、内野手（五人）、外野手（六人）、合計十三人という変則ルール（？）でプレーしている様子がみうけられ（一九三九（昭和十四）年当時）、興味深いものである。[21]

12　東京府立第一高等女学校の野球

東京第一高女（現東京都立白鷗高等学校）『本校の現状』には「三、體育」の項目に、「體育に對する理解力の啓培と、實行能力の養成とにより、健全なる體育的趣味性の向上に導くを以て本校體育の方針とする。」とあり、設備として、「プレーグラウンドボールダイヤモンド」の記述があり、体育に力を入れていることが想像できる。[22]

ベースボール　（『鈴の音』1984年）

13　女子野球に中止命令

①　中止の背景

こうして、盛んになりつつあった女子野球に、一九二六（大正十五）年、和歌山県学務課より、「野球は女子に不適切、不妊の恐れあり」として、突然中止命令が出された。

女子の運動に関する新聞報道を見ると、文部省関屋普通学務局長の「関西方面では女子の野球が追々盛んのやうだが、これ等は女の女らしきところを失ふものでよろしくない、むしろ禁ずべきものだと想つてゐる」（『和歌山新聞』大正十三年十月二六日付）や、文部省岩原学校衛生官の「最近ベースボールをやるやうになりましたが、これは決して適したものではありません」（『和歌山新聞』同十五年五月二日付）という談話が紹介されており、中止はこうした流れの中でのことであったものと思われる。(23)

九州でも、直方高女と熊本第一高女の試合直前に知事の禁止通達が出されたといわれる。これらの禁止通達が、いつ、どんな理由で、どのような形で出されたのかは、不明である。一説には、文部省から禁止令が出されたといわれるが、私が調べた限りでは、文部省にそのような記録はなく、関係各県にも問い合わせたが、何分にも百年近い前の文書は、すでに破棄され、不明な点が多い。

庄司節子氏の研究によると、一九二五（大正十四）年十一月、全国高等女学校長会宛に、各県から「女子体操」について留意すべき事項が出されていた。(24)

②　高等女学校における競技種目及び対抗試合の取扱いについて

全国高等女学校長会議要録①「第三類　体育ニ關スル件」を見ると、キッツンボールの愛知や野球の盛んな奈良、大阪から出されているのが興味深い。

他に、東京都、埼玉県、富山県、静岡県から同じような内容のものが提出されている。問題は、いつの日付で校長会へ提出され、どのような審議がなされたかである。

審議の結果、同要録②で「現時ノ競技種目及程度ハ多ク男子ヲ本體トシテ成立シタルモノ」という前提に立って一～七の種目が指定されたわけであるが、「野球」ははずされてしまった。しかし、指定された種目をみると、陸上種目の五〇メートル走から四〇〇メートル走、ボール投げ、テニス、バレーボール（排球）、バスケットボール（籠球）、ピンポン、スキー、スケート、インドア・ベースボールなどがあり、激しさにおいて「野球」「キッツンボール」より厳しいものがあると考えられ、スキー、スケートが入っていることにもやや驚く。

一九二〇年頃、シカゴ大学留学中にプレーグラウンドボールをみた大谷武一（東京高等師範学校教授）が帰朝。その大谷が文部省の体操教授要目改正委員の中心者であったことも影響し、一九二六年の体操教授要目改正では「プレーグラウンドボール」が体操科目に加えられたと考えられる。

キッツンボールや軟式野球は、地元の盛り上がりと並行して批判も出ていた。「女子に過激な運動を奨励して好いか」などの批判が新聞紙上に載っている。

第三類　体育ニ關スル件

1　女子ノ体育上特ニ留意スヘキ事項如何　香川縣提出

2　高等女學校ニ於ケル競技運動對校試合ノ取扱如何

（說　明）近時女子ノ体育大ニ向上スルト同時ニ諸種競技運動對校試合選手問題等ニ於テ從來男子諸學校カ度々經驗シ來レル諸弊害ノ後ヲ其ノ儘ニ踏襲セントスル傾向著シキ此際高等女學校ニ於テハ之カ弊害ヲ芟除シ其ノ利益ヲ一層大ナラシムル方法ヲ全國高等女學校長會議ニ於テ協定スル事ハ刻下ノ喫緊事ト思惟シ本題ヲ提出ス

愛知縣第一高等女學校長提出

3　競技運動ニ關シ注意スヘキコト如何

東京府立高等女學校長出席者提出

4　女子中等學校生徒ニ適スル運動競技種目如何

埼玉縣川越高等女學校長提出

5　高等女學校ニ於テ女子心身ノ狀態ヲ考慮シ如何ナル運動競技ヲ奬勵スヘキカ其ノ方案如何

富山縣提出

6　女子中等學校生徒ニ適當ナル競技運動並ニ之カ實施上特ニ留意スヘキ事項

奈良縣提出

7　高等女學校生徒ニ行ハシムヘキ運動競技ノ種目並程度如何

熊本縣各高等女學校、實科高等女學校長提出

8　女子教育上女子ノ競技熱ヲ如何ニ導クヲ適當トスルカ

大阪府提出

9　女子ノ体育振興上考慮スヘキ事項如何

靜岡縣見付高等女學校長提出

10　高等女學校生徒ニ一層衞生ニ關スル智識ヲ收得セシムル方案如何

靜岡縣森町實科高等女學校長提出

全国高等女学校長会議要録①
（1925年11月5～7日）

第三類體育ニ關スル調査案

(一)、競技ノ種目及程度

現時ノ競技種目及程度ハ多ク男子ヲ本體トシテ成立シタルモノナルヲ以テ之ヲ取テ直ニ女子ニ適用スルハ頗ル考慮ヲ要スル所ナルモ目下左ノ種目及程度ヲ選ブヨリ外ナカルベシ。

一、競走、五十メートル。百メートル。二百メートル。二百メートル・リレー。四百メートル・リレー。

二、跳躍。走幅跳。(走高跳)。ホップ・ステップ・ジャンプ。

三、投球。スポンジ・ボール投。インドア・ベース・ボール投。ベース・ボール投。バスケット・ボール投。

四、球技。ローン・テニス。バレー・ボール。(バスケット・ボール)。(インドア・ベース・ボール)。ピンポン。

五、弓術。

六、水泳。

七、(スキー)。スケート。

右種目中特ニ括弧ヲ施シタルモノハ女子ニハ稍過激ナランカト思フ採擇ノ際深ク考慮ヲ要ス。

(二)、競技實施上注意スヘキ事項。

一、競技ハ成ルヘク生徒全般ニ奬勵スルヲ本旨トシ特ニ選手ヲ養成スルガ如キ取扱ヲ避クルコト。

二、競技ハ主トシテ校内ニ於テ之ヲ行ヒ時ニ奬勵ノタメ同地方ノ他校(或ハ數校聯合シテ)トノ試合ヲナスハ然ルベキモ遠ク他府縣ニ出ヅルハ多クノ旅費ヲ要シ時トシテ教授時間ヲ曠廢スルノ恐アルヲ以テ成ルベク之ヲ避クルコト。

三、競技會ヲ催スニハ學校若クハ體育會之ガ主體ト成ルベク教育機關以外ノ主催ニ待タザルコト。

四、指導者ハ成ルヘク學校職員之ニ當リ若シ他ヨリ之ヲ聘スル場合ニハ特ニ年齡人格等ヲ考慮シテ選擇スルコト。

五、奇矯ナル態度ヲ以テ聲援ヲナシ又ハ優勝旗、優勝杯等ヲ以テ過度ノ奬勵ヲナスコトハ成ルヘク之ヲ避クルコト。

全国高等女学校長会議要録②
(1925年11月5～7日)

③「女子に最も適する競技の種類」（文部省）

文部省刊行の『女子體育』（大正十二年）には「女子に最も適する競技の種類」として「女子の身體の形狀及び精神並に身體の緊張を永續し得ないことのため多くの女子に有害である競技や遊技が二三ある。尤もこれとて男子のやる方法を女子に適するやうに改良すれば差支へはないと思ふ。」と前置きした上で、「フートボール」「アイスホッケー」「ポロ」「バスケットボール」「ボッキシング」（注「ボクシング」？）「フェンシング」「ポロ跳」「重體操」があげられている。[25]

現在から考えても「アイスホッケー」「ボッキシング」は格闘技またはそれに近いものであると考えられるが、何故に女子に適する競技としたか。

ここで再び、なぜ「(女子）野球」のみが禁止されたのか。それは、女性の身体に適応するか否か、という理由からではないだろう。

明治初期にアメリカから紹介された「ベースボール」という外来スポーツが「硬式（ボールの）野球」として獲得され、そこには「男性の聖域」としてある種の信仰に近いものがあった。ところが、日本で考案された「軟式（ボールの）野球」を通して、女子が競技に入ってきて「女子（軟式）野球」をするようになった。そのため、そこに心理的・社会的抵抗が強く働いたのではないだろうか。

庄司氏は、これを「ジェンダー・バックラッシュ」と述べている。[26]

大正に入り自由な文化的風潮が強まり大衆文化が普及し、女性スポーツへの関心が高まった時代、キッツンボールや野球を楽しんだ女学生たちの一つの生き方としてのスポーツ文化が芽生えはじめた時代であったが、この「ジェンダー・バックラッシュ」はこれ以後もわが国のスポーツ界に引きつがれてしまうのである。

14 「女学生に野球は問題なし」――中止命令への反論

① 「暴君に虐げられた直方高女野球チーム」（飛田穂洲）

現在、この間の事情を記録した文献も少ないが、「学生野球の父」といわれる飛田穂洲は、福岡県立直方高女野球部に対する禁止事項に対し「暴君に虐げられた直方高女野球チーム」と題して、一文を残している。(27)

飛田によれば、直方高女（現福岡県立直方高等学校）の野球部は、一九二二（大正十一）年五月に結成されている。

校長の許可もあり、部員希望者は、家族の了解を得てスタートしたのであるが、熊本第一高女との対戦予定の直前に福岡県知事から禁止令が出され、解散のやむなきに至ったという。

野球部結成のこのような事情を理解せず、健康、学業成績、生活態度のいずれも良好な生徒たちの「折角興味を持ち體育と云ふ事に対して僅かな時間しか与へられて居らぬ少女達の手から此の貴重な機會を奪つて仕舞はなければならぬ無常を痛惜する」と述べ、さらに「他の運動と比較して野球のみを不可なりと云ふものもあれば、断じて之れに服するわけには行かぬ」と反論した。

実は、この禁止通達が出されたのは、一九二二年十二月で、直方高女野球部は、わずか半年余で解散させられたのである。しかも、和歌山県の禁止通達より、四年程早い。一九二三（大正十二）年には、大阪市内の私立高等女学校の校長会が、たった一回の会合で、スポーツの対外試合禁止を申し合わせているのと考え合わせると、すでにこの頃に女子スポーツに対する警告があったように思われる。

直方高女野球部優勝メンバー（『野球界』1922年）

② 「直方高女野球部の亡ぶ迄」（井上敏慧）

また、井上敏慧は「直方高女野球部の亡ぶ迄」と題し長文を寄稿している。[28]

「浅川校長、田中教頭らが中心に選手選考の方針は學業優秀であることを条件に生徒募集したところ七三名を超え、それを五十名に留め夏季練習とルール研究を行い、秋になり男子小學四年生と試合したが敗戦、その後も練習を重ね、男子チームと闘へるようになり、地区の中學生を混じえた大會で優勝するまで成長したのである。直方町は野球術といわれる位キヤツチボールが行われる程になつた。そして熊本第一高女との対戦を前にした一九二二（大正十一）年、田中県知事は女學生の洋服すら廃させんとの噂どうりの國粋保存者であるだけに直に直方高女野球部解散の命が下つた。かつて例なきまで女子運動會のため方丈の気を吐き北九州の天地に万朶の花を咲き誇りし同女學校野球部の黄金時代も憐れ菫花一朝の夢と化した。」

最後に、生徒の学年、成績、年齢、身長と家庭状況がかなり詳しく添えられている。ほとんど試合らしい試合をすることなく禁止させられた無念さが、生徒の声、親の声と共に伝わってくるようである。

③「女子運動界の汚点」（春日豊）

春日豊は大阪私立女学校連盟が「運動競技会に於ける女学生の風儀が良くない、女子が太い脚部を人前にさらけ出して走るなどみっともない、やはり女子はしとやかを貴び、人前で運動までは行わすべきではない」とたった一回の会議で生徒の「対外競技禁止」を申し合わせたことに対し、自校の体育担当教師に相談もせず中止したのは何故か質問したいと述べている。(29)

④「野球の女性化？」または「女性の男性化？」

福岡、大阪で女子野球禁止に対する理不尽さに対し、続々と疑問が出されていた。「男性の野球」という主張、女性が野球を行うことによる「女性の男性化」を恐れる主張が強く存在したものと思われる。

新しきものの台頭には、必ずその反動がある如きで、大正期の女子スポーツ全般に新しい動きとそれに対する反対思潮があった事は否定できない。こうして、女子野球は、わずか数年で、突如その幕を閉じることになった。この禁止通達の社会的背景には、大正から昭和へ向かう時代の保守化と無関係ではないと思われるが、依然として不明な点が多い。バレーボール、バスケットボール、ピンポン、陸上競技、スキー、スケート、水泳、テニス、弓術は認められたのに、なぜ、野球だけが認められなかったのか。

かつて、新渡戸稲造らの識者が、野球は、学生の精神・身体のいずれにもよくないとして論陣を張ったいわゆる「野球害毒論」（一九一一／明治四四年）の女性版のように思われてならない。

しかも、一九三二（昭和七）年三月、文部大臣鳩山一郎名により文部省から出されたいわゆる「野球統制令」（正式名文部省訓令第四號「野球ノ統制並施行ニ関スル件」には、「野球ノ健全ナル發達ヲ圖ルノ要アリ而シテ學生ニ依リテ行ハルル野球ガ一般野球界ノ中心ヲナセルノ實情ニ鑑ミルトキ（中略）野球ヲ行フ者又ハ野球ヲ觀ル者ノ熱狂ノ餘常規ヲ逸シ正道ヲ離ルルコト是ナリ（後略）」として、小学校から大学生に至る野球に細かい規定を設けた。対外試合、チーム編成、試合の諸経費や入場料、旅費、宿泊費の負担、大学や高等専門学校については、「野球ニ優秀ナルノ故ヲ以テ入學ノ便ヲ與ヘ又ハ學費其ノ他ノ生活費ヲ授クルガ如キコトヲ條件トシテ入學ヲ勸誘セザルコト」とあるように、学生野球が相当乱れていたわけで、しかも、これは、「野球統制令」の出る相当前からの状態であったと考えられる。したがって、学生スポーツそのものへの警戒心は、すでに大正期にあり、女子野球禁止は、その煽りを受けたと考えられるのである。

ジェンダー的視点からいうならば、プロ野球の国際大会の日本代表チームは「サムライジャパン」

であり、「全日本大学女子野球選手権大会」は「マドンナたちの甲子園」、女子野球のワールドカップ日本代表チームは「マドンナジャパン」、女子サッカー日本代表チームは「なでしこジャパン」、ホッケー女子代表は「さくらジャパン」と日本的な男女の性差がはっきりわかるようなニックネームがつけられている。

国際オリンピック委員会（ＩＯＣ）は、二〇〇〇年に性別確認検査は、論理的及び医学的な限界によって廃止した。さらに二〇〇四年には性別変更選手の参加を承認する方針を示した。競技スポーツが性のカテゴリーを二項図式でとらえることには、競技の平等性から支持されるがトランスジェンダーの選手の問題が残されている。[30]

その後、ＩＯＣは次の様な判断基準を発表した。

ＩＯＣ性別判断基準（二〇一六年）

(1)性自認が女性であることを宣言していること。宣言した性自認は、スポーツ競技目的で、最低四年間は変更することはできない。

(2)出場までの少なくとも一年間は血液中の総テストステロン値が一リットル当たり一〇ナノモル（一〇nM）以下を維持していること。

以上の様な無差別、公平性を強調した。

そしてさらに、出生時の性別と、自認する性が異なるトランスジェンダーの選手や男性ホルモンのテストステロン値が高い女子選手を巡り、各国国際競技連盟（ＩＦ）が出場資格の基準を策定する上での参考となる指針を発表している（二〇二一年十一月）。

しかし、「サムライジャパン」で指摘したように「男性性」や「女性性」を過度に強調するようなジェンダーイメージの再生産＝両性の不平等を増幅するような社会状況はなくなっていない。

二〇一五年、国連は、「持続可能な開発目標（SDGs）」を策定し、五番目に「ジェンダーの平等の実現」を掲げている。わが国の女性の社会的平等性は、国連の調査では全世界で一二一位という恥かしい順位で深刻である。

かなり多くの種目を女性が行うようになったが、女性スポーツの前途に横たわる課題は大きい。ジェンダー平等実現のために相当の覚悟と努力が必要ではないだろうか。

15　近年におけるわが国の「女子野球」研究の動向

近年、女子野球の研究が少しずつなされてきている。

高嶋航（京都大学）氏によれば、戦前、フィリピン、中国において、一九一〇年からインドア・ベースボールが行われた。それにはＹＭＣＡ、つまり男性が指導者となって普及していたことが明らかにされたことは大変興味深い(31)。

フィリピンでは野球は男性性と強く結びついていたが、インドア・ベースボールを女子が行うことに抵抗は少なく、中国でも抵抗なく受け入れられたようで、フィリピンでは、一九四一年に試合が行われ、中国では一九三二年に試合が行われた。国内本土では、昭和に入って以後、野球、インドア・

ベースボール、キッツンボール大会が行われなくなっていたが、広島の甲山高女、山梨第二高女、神奈川県立高女ではその後も競技は行われ、一九四一（昭和十六）年に鶴鳴高女、東京恵泉女学園、上田高女でもインドア・ベースボールが行われていた記録が残されている。

全国各地でこれ程広く行われていたことは、学校名の記録から想像ができるものの今後の資料の発掘、一層の研究が必要であることを痛感する次第である。

なお、最後に一九〇二－一九三〇年の指導書を分析した赤澤祐美（東海学園大学）氏の研究では、「野球型」種目が「三〇種類」あったことが報告されている。(32)

それは三七冊に厳選した「体育スポーツ書」から、「呼称、起源、適用、ボール、バット、グローブ、競技場、イニング数、チーム人数、投球方法、アウト方法、ボールカウント、フェア、ファウルの規定法など」十七項目を規定した結果、三〇種類になったというものである。内訳は、庄司節子、竹内通夫（筆者）の研究から十三種目、功刀俊雄の研究から五種目、赤澤が十二種目である。

・インドアベースボール（とその別称である簡易野球、室内野球）、キッツンボール、少年野球、女子適用ベースボール、女子野球、女子用ベースボール、軟式野球（とその別称である軟球野球）、プレーグラウンドボール、ベース、野球。（十三種類）

・ハンドボール、新ハンドボール、キックボール、ストライキングボール、フットベースボール。（五種類）

・インインデアンベースボール、インデアンベースボール、ヴァレーベースボール、スローベースボール、テンダーベースボール、ノックベースボール、バウルクラブボール、ハンドストップボール、ハンドバットベースボール、パンチボール、ヒットピンベースボール、ロングベースボール。(十二種類)

これだけの名称で各地で行われていたことも大変興味深いが、恐らくは同じ名称でも地域、試合を行うチームによって適宜ルールを変更していたことは充分考えられる。しかし一方で、これらの名称で野球型スポーツが、「女性型」に種々変異を遂げていたのであり、スポーツにおけるジェンダー問題提起ともいえると考えられる。

戦後の女子野球については、文献欄にあげたように多くの著作が刊行されている。

16　二つの「女子野球チーム」の来日

①「フィラデルフィア・ボビーズ」の来日

戦前、大正・昭和年間に二つの女子チームが来日している。高等女学校の「野球」との接点はないことを記しておきたい。

○「フィラデルフィア・ボビーズ」(Philadelphia Bobbies)

一九二五(大正十四)年十月十八日、十三歳から二十一歳までの選手十二名の女子プロ野球チームが来日した。女性オーナーに男子の監督。日本人の野球熱は盛んなものがあり、チームを結成しての来日であった。投手にはレオナ・カーンズ、身長一八〇センチを超え十七歳。対戦相手の日本の男子チームは、大学、日本歯科専門学校、松竹キネマの蒲田チーム、大阪が外語大学等々。しかし、女子チームは技術的に未熟な選手が多く、全十一試合を行い二勝八敗一分で、興行として失敗で財政的に行き詰り解散ということとなったが、オーナーと監督の意見が対立し、監督はカーンズら一部選手をつれて韓国へ行ってしまう。韓国で三試合を行い、二勝一敗で再び神戸へ戻る。しかし、監督は、カーンズら三人を残し、夫婦で帰米してしまった。誠に非情な話である。カーンズは本国の両親からの仕送りや神戸の外国人ホテルオーナーやその他の人らの助けにより帰国できることになったが悲劇は突然やってきたのである。一九二六（大正十五）年一月八日、帰路についた。神戸港を出た船は大嵐の中をさまよった。一月二二日、新鮮な空気をと甲板へ出た時、突然、甲板を大波が襲いカーンズは嵐の海に消えた。十七歳であった。責任は誰にあったのか。不明な点は多く残されたままである。(33)

球場を賑わした米国女子野球団
月 19 日に米国の女子野球団が来た。エンスミス（捕手）ハミ
トン（投手）の旧大リーガーが率いた本ボールの女子野球，フイ
デルフイヤのチームで創立後 4 年ということであった。遊撃手と
手がうまく，（右）は投手ルース嬢で日本人タイプの美人で 21
（中）は捕手のフィリップス嬢で 15 才。（左）は13 才の名遊撃
ホートン嬢で天才肌。純アマチュアのチームであった。
51

「フィラデルフィア・ボビーズ」紹介写真

（『日本の野球史』1967年）

女らしくも
「加勢を頼んで」
米國娘子軍の初出陣
幸先わるい六A對零

流石

蒲田

フィラデルフィア・ボビーズの試合
（『東京朝日新聞』1925年10月24日）

フィラデルフィア・ボビーズの一員、エディス・ホートン選手（1912–2013）が晩年（89歳）の折に自らの日本でのプレー写真をみる。エディスは戦後、メジャー・リーグで女性初のスカウトを務めた。

六尺もある女投手
十二歳の可愛い遊撃嬢
快活らしい姿をそろへて
初お目見得の女子野球團入京す

若々し

米國で

夫婦が

フィラデルフィア・ボビーズ来日
（『東京朝日新聞』1925年10月20日）

② 「カリフォルニア女子野球団」の来日

一九三八（昭和十三）年十月十日、秩父丸でM・フィドラー監督以下総勢三一名が来日した。桑原稲敏氏によれば、軟式野球とはいっても実際はソフトボールチームであった。来日の目的は、日本へのソフトボールの紹介と日米親善ということで近衛秀麿子爵の斡旋で実現したものといわれる。ユニフォームはショートパンツを使用していたので警視庁は目を光らせていたが結局問題なしということで、アメリカチームは、アメリカンスター組とインターナショナル組に分かれ行われた。この試合のインターナショナルチームに日系二世の押本一枝、藤岡正子の二名が加わっていた。このことも日米親善の意義を考えてのことであろう。

「彼女たちの元気は文字通り炎のように物凄く、さすがに溌剌たるヤンキー嬢かなと肯かれる。ただ恐ろしきは彼女たちの扮装であるかな。肩口が半ばのぞかれ、ショーツにソックスといふユニフォーム姿は相当大胆不敵のものである。（中略）彼女等のこの試合振りそのものには相当以上真剣が漲って居ることはたしかです。走塁には勇敢にもスライディングも決行いたします。」

東京・横浜・大阪で十八試合を行って十一月に帰国した。

昭和十三年といえば、日中間に暗雲が垂れこめ、前年七月、盧溝橋事件（日中戦争始まる）があり、同年十二月南京陥落。それから三年後の昭和十六年十二月八日、日本はアジア太平洋戦争に突入したのである。[34]

スポーツによる親善交流は日米の橋渡しにならなかったのであろうか。

五　付論　戦後の女子野球――第二次世界大戦後から現代まで

戦後の女子野球の動向について、一瞥しておきたい。

戦後の女子野球は、一九四七（昭和二二）年、オール横浜女子野球大会によって、その幕が開かれた。参加チームは、文寿堂（印刷会社）、日産自動車、ビクター、オハイオ靴店など六チームで、文寿堂が優勝している。

一九四七年には、わが国最初の女子プロ野球チーム「ロマンス・ブルーバード」が結成された。監督は、わが国初のプロ野球チーム日本運動協会（芝浦協会）、東京巨人軍で活躍した山本栄一郎である。翌年、日本女子野球連盟（四球団加盟）が結成され、女子プロ野球時代に入り、最盛期には、二五チームが参加している。

その後、連盟は解散し、一九五二（昭和二七）年から、ノンプロチームとして再スタートした。男子のプロ野球選手をコーチに招いて指導を受け、一九六三（昭和三八）年から五年連続日本一に輝いた久光製薬（チーム「サロンパス」）は、単独チームとして、台湾、韓国、アメリカ、ブラジルに遠征し、男子チームを相手に八割以上の勝率を残した。その後、ワカモト製薬、京浜急行、白元、リコー時計、ニッカウヰスキーなどの強豪チームが現れた。

一九七八（昭和五三）年には、フジテレビが「ニューヤンキース」を結成し、テレビ放映もされたが、一九八二（昭和五七）年の大会を最後に、ノンプロ球団も消滅した。

現在の女子野球は、一九八七（昭和六二）年に「全国大学女子軟式野球連盟」（「現全日本大学女子野球連盟」）が結成され、二〇二三年までに、三七回（二〇二〇年、二〇二一年はコロナ禍のため中止）の大会が行われている。開催地は、富山県魚津市で、毎年全国各地から、約三〇大学・短期大学が集まり、トーナメント方式で試合を行っている。ルールは、七回戦制で、投手・捕手間十七メートル、塁間二五メートル、使用球は軟式M号球である。私は、前任校（金城学院大学）のチームを率い、十五年間連続して参加した。その間、連盟の理事長も務めたが、年々、選手の熱意・技術が向上し、好プレー、好試合が数多く見られるようになっている。悩みは、年々学生の資格取得講座や就職活動が早まり、部員不足の大学が増えていることである。全般的には、学生の部活動の低下が全国的に見られることである。

一般女子では「全日本女子軟式野球連盟」が一九九〇年に結成され、毎年東京で、十数チームが参加して全国大会が行われている。また、秋には、大学女子野球の優勝チームと一般女子の優勝チームが対戦する「ジャパンカップ」も行われている。

また、一九九八年からは、硬式球による高校女子の大会も開催されているが、参加校は数校にとどまっている。

女子野球に携わってみて思うのは、問題があまりにも多いことである。

その第一は、指導者がいないということである。特に、女子の体格、運動能力にあった指導のできる指導者が非常に少なく、能力ある学生が伸び悩んでいる現状がある。私自身は野球の経験はあったが、女子の指導は暗中模索であった。しかし、怪我をしない練習、体力づくり、肩を痛めない投球方法、走塁、打法とゆっくりやれば、一年くらいで十分試合に出られるようになるのをみて、指導者の喜びを感じ、ソフトボールなどを経験したことがない学生にも、すばらしい能力のあることも理解できた。

第二は、施設不足である。野球は試合にも練習にも、広いグラウンドが必要であるが、都会地にあっては、男子草野球チームが多く、グラウンド確保が大変むずかしいこともある（名古屋市では、毎月、各区の抽選会でグラウンドを確保しなければならず、大変な苦労である）。

第三は、資料不足である。

海の向こうのアメリカでは、女子野球は大学などですでに十九世紀から行われており、一九四三年から一九五四年まで、女子のプロ野球リーグが存在していた（All-American Girls Professional Baseball League, 略称 AAGPBL）。近年、プロ、アマチュア両方の女子野球史の研究書が、女性の手により、何冊か刊行されている。また、大学院の修士論文、博士論文にも女子野球史が研究テーマとして取り上げられている。

一九七一年には、「アメリカ野球研究学会」（SABR, Society for American Baseball Research）が結成され、毎年多くの刊行物が出されている。また、ニューヨーク州にある「アメリカ野球殿堂博物館」

(National Baseball Hall of Fame and Museum）には、女子野球の歴史を讃え、資料が展示されるようになった。わが国の野球殿堂には、ごく近年の「女子プロ野球」の資料のみ展示がされている。

百年以上前に女子野球に関して、多くの資料の残されているアメリカ。原資料のほとんどない日本。その差は何であろうか。

例えば、国境を接した西欧諸国の場合、民族、文化、言語が異なる国々との間で「記録」に残して交流を図るという歴史がある。わが国の場合、そのような歴史的経験がなかったということであろうか。

また、「スポーツ文化」に対する認識のちがいなのであろうか。それとも、歴史（ドキュメント）に対する社会的・文化的認識・問題意識の基本的なちがいなのであろうか。

ニュースポーツ隆盛の今日、女子野球は現在マイナースポーツであるが、ソフトボールでなく「野球」を志す女性も増加しつつある。

大正期に、キッツンボールや軟式野球に青春をかけた彼女たちも、すでに多くの方が鬼籍に入られた。百年前の彼女たちの活動の足跡を示すものは意外に少ない。野球史、スポーツ史の書物の中にも、ほとんど掲載されていない。今こそ、わが国のスポーツ史、野球史、あるいは学校体育史、課外教育史の空白を埋める作業が必要である。

注

（1）糸井浅治郎『少年野球術』松田尚友堂、一九一八年。
（2）全日本軟式野球連盟編『軟式野球史』ベースボールマガジン社、一九七六年、十六―十七頁。
（3）横井春野編『全国少年野球大会史』大日本少年野球協会発行、一九三一年、一一―十六頁。
（4）前掲『軟式野球史』二七六頁の年表。
（5）中央運動社編及び発行『日本女子オリムピック年鑑』一九二四年、九七頁。
『大阪毎日新聞』一九二四年六月二〇日付。

丸山直弘編『和歌山県高等学校野球大会史』和歌山県高等学校野球連盟・県野球協会、一九六〇年、六五―六六頁。
（6）前掲『軟式野球史』一〇〇―一〇二頁。
柳繁代「優勝メダルはいぶし銀――女子野球のルーツ」一九九三年。
柳繁代『歌集　久ちなしの花』（私家版）一九九三年。
（7）加藤吉史編『大正の球女――加藤冬の想い出』（私家版）一九九六年。
竹内通夫「白球にかけた青春」（『大正の球女』所収）一九九六年。
（8）小畑こう――電話での会話、手紙及び写真提供。
（9）佐伯達夫「女子野球私見」『スポーツマン』第三巻第八号、一九二四年、一五二―一五三頁。
（10）木造龍蔵「野球戦細評」『スポーツマン』第三巻第八号、一九二四年、一四八―一五一頁。
（11）他に、畠田繁太郎「女子の野球に就いて」前掲『日本女子オリムピック年鑑』四八―五二頁。
「日本女子オリムピック大会偶感　四、野球」（執筆者名無し）前掲『日本女子オリムピック年鑑』九〇―九一頁。
（12）人見絹枝『女子スポーツを語る』人文書房、一九三一年、三六―三七頁。

（13）小野恵美雄他編『写真集明治大正昭和桜井』国書刊行会、一九七九年、八一頁。
（14）田口角次郎『小学校師範学校女学校興味ある競技遊戯』一二三堂、一九二一年、八四－一〇六頁にてテンダーベースボールについて解説。その中に「我校に於ては本年度より野球部を新設することゝなつたので層一層と盛んになることであらうと思ふ。」との記述有り（八五頁）。
（15）愛媛県立今治北高等学校創立百周年記念通史編集委員会編『愛媛県立今治北高等学校創立百周年記念通史』愛媛県立今治北高等学校、一九九九年、七六頁、二八四頁。校友会誌『学友』第十六－十八号からの引用が掲載されている。
（16）愛媛県立今治北高等学校編『北桜――創立八〇周年記念誌』今治北高等学校創立八〇周年記念事業期成会、一九七九年、十六頁。
前掲『愛媛県立今治北高等学校創立百周年記念通史』。
（17）宮城県第二女子高等学校九〇周年記念事業実行委員会編及び発行『二女高九〇年――かぐはしき未来へ』一九九四年。『学友会雑誌』一九二二年からの引用が掲載されている。
宮城県第一女子高等学校『六十年史』一九六一年、一九二頁。
（18）前掲『日本女子オリンピック年鑑』一五二頁。
大阪府立港高等学校創立八十周年記念誌編集委員会編『躍進へつなぐ伝統八十年――創立八十周年記念誌』大阪府立港高等学校、一九九一年。
Barbara Gregorich, *Women at Play: The Story of Women in Baseball*, Hartcourt Brace & Co., U.S.A. 1993, pp. 52–59.
（19）『蟻高一二〇周年――母校と同窓会の歩み』https://www.nagano-c.ed.jp/arigasak/
（20）長野県松本高等女学校校友会同窓会編及び発行『唐澤先生謝恩記念號』一九二二年、四六－四七頁。
（21）広島県立甲山高等女学校校友会編及び発行『會誌』第二号、一九二六年六月、四九頁。
広島県立甲山高等女学校同窓会編及び発行『鈴の音』一九八四年七月、七三頁。

(22) 東京府立第一高等女学校編及び発行『本校の現状』一九三一年十月、三二－三三頁。
(23) 和歌山県教育史編纂委員会編『和歌山県教育史』第一巻通史編、和歌山県教育委員会、二〇〇七年、四九四－四九五頁。
(24) 庄司節子「東海女学生キッツンボール大会と女子野球の普及活動」日本体育学会第四八回大会発表資料、一九九七年。
(25) 文部省編『女子體育』右文館、一九二三年、一九八－一九九頁。
(26) 庄司節子「近代日本における女性スポーツの創造――大正期の東海女学生キッツンボール大会への視線」東海体育学会編『創造とスポーツ科学』杏林書院、二〇一一年、五七－七一頁。
Oebra Skattak, Playing Man's Game: Women Baseball in U.S.A. 1866–1954, Brown University（修士論文）1986.
Elysian Fields, Vol. 12 No. 2,（特集 Baseball is A Man's Game Or is it?）U.S.A. 1993.
NINE: A Journal of Baseball History & Culture, Vol. 9 No. 1, 2, U.S.A. 2000.
(27) 飛田穂洲「暴君に虐げられた直方高女の野球チーム」『運動界』一九二三年三月号、七八－八三頁。
(28) 井上敏慧「直方高女野球部の亡ぶ迄」『野球界』一九二三年六月号。
(29) 春日豊「女子運動界の汚点」『スポーツマン』一九二五年五月号。
(30) 来田享子「スポーツと『性別』の境界――オリンピックにおける性カテゴリーの扱い」『スポーツ社会学研究』第十八－二号、二〇一〇年。
(31) 高嶋航「女子野球の歴史を再考する――極東・ＹＭＣＡ・ジェンダー」『京都大学文学部研究紀要』第五八巻、二〇一九年。
(32) 赤澤祐美「一九〇〇年代初頭の日本における「野球型」種目に関する研究――一九〇二－一九三〇年発行の指導書の分析から」中京大学大学院体育学研究科（修士論文）二〇一四年。
赤澤祐美、來田享子「一九〇〇年代初頭の野球型種目に関する研究――その多様性と女子の種目の特徴」

『東海学園大学教育研究紀要　スポーツ健康科学部』第五号、二〇一九年。

田中亮太郎「日本における女子野球に関する研究――女子野球誕生から女子プロ野球成立過程について」『大阪芸術大学紀要』第十八号、一九九五年。

花谷建次他「女子『野球』に関する史的考察（II）日本女子野球史」『大阪教育大学紀要』第四部門第四五巻二号、一九九七年。

館慎吾「女子野球の歴史的考察と現状に関する課題研究」順天堂大学修士論文、二〇一三年。

（33）庄司節子「一九三八（昭和十三）年米国女子野球団来朝と日米親善試合について」日本体育学会　第六六回大会、二〇一五年。
佐山和夫『日米野球裏面史――美少女投手から大ベーブ・ルースまで』ＮＨＫ出版、二〇〇五年、第三章「美少女投手はいずこへ――フィラデルフィア・ボビーズ」。

永田陽一『ベーブ・ルースは、なぜ甲子園でホームランを打てなかったのか』東方出版、二〇一九年、九〇頁。

（34）桑原稲敏『女たちのプレーボール――幻の女子プロ野球青春物語』風人社、一九九三年、二七―三二頁。
「米国女子軟式野球を観る」『體育日本』一九三八年十一月、Vol. 16, No. 11）
「ヤンキーガールの軟式野球見物記」『アサヒスポーツ』第一号、一九三八年十一月、Vol. 16, No. 24）

第II部　子規とベースボール——

「ベースボール」から「野球」へ

一　はじめに――「子規の野球殿堂入り」

二〇〇二年一月、東京の野球体育博物館（現野球殿堂博物館）より、正岡子規（一八六七―一九〇二）の野球殿堂入りが発表された。文学研究が専門でもなく、ただの野球好きから子規に親しんできた私にとってこれに勝る喜びはない。

六三制　野球ばかりが　うまくなり

と言われた戦後に育ち、幼少期から学生時代も野球を続けた私にとって、子規が青年時代に熱病にとりつかれたように野球に興じたことが、わが事のようであり、子規のような素人の目で野球を体験した人が殿堂入りしたことを何よりもうれしく思う。

今日、野球はわが国の国技といえるほど、アマチュアからプロ野球まで国民的スポーツとなっている。

毎年繰り広げられる高校野球の大会は、多くの国民が熱狂してふるさとを代表するチームを応援し、勝敗の行方に関心をもつという国民的ビッグイベントとなっている。

夏の大会には、特にその感が深い。

たびたび、高校野球の教育的に逸脱した事件が報道されるにもかかわらず、マスコミの報道をかき消すほどの国民的圧力が存在するかの観がある。

私は、夏の高校野球は、日本人の老若男女すべてが、善悪正邪を超えて、野球に酔い、「日本人であること」を確認し合う機会であり、「魂の洗濯（場）」の役目を果たしていると考えている。それで語られるのは、「日本人のアイデンティティ（identity）」である。それは、「個としての日本人」ではなく「集団（マス）としての日本人」である。

わずか百数十年の間に、日本人の間に完全に定着した野球というスポーツの精神は、日本人の集団行動やその行動の底にある集団意識、さらには「日本人の心性（mentality）」に強く訴え、結びつくものがあるのではないかと考えられる。

今日、オリンピックにみられるようにスポーツの社会的価値が重視されるにしたがい、各国は、スポーツを国力の示威に利用するまでになった。スポーツの政治的利用価値が高まるにつれ、国際大会も国際紛争や地域紛争と切りはなせなくなり、スポーツの政治的利用という危うい側面が見られるようになってきている。

その意味で、スポーツが二一世紀の社会に占める政治的・文化的位置やその価値は、益々大きくなると考えられる。

ここでは、近代化をめざす明治初期のわが国において、野球がどのように取り入れられ、普及していったかを、「子規の眼」を通じて探ってみたい。そして、それを通して日本人の集団的メンタリティの構造に迫る手掛かりを得ることができればと考える。

ところで、一般に外来文化の摂取・普及の過程において、原型のまま輸入されることは少なく、その国の社会・文化のあり方によって変形されるものである。幕末に牛肉を食べることが伝えられたが、それは「牛鍋」に変わった。フランスからパンが伝えられた際も、日本人は、それを菓子類の扱いをした。中に餡を入れて「アンパン」を発明（？）している。これらは、外来文化の変形である。野球においても、何らかの「日本化の過程」が存在していると考えられないだろうか。広義には、その精神と技術（ルールも含む）、狭義には道具・用語などが、その同化・定着過程で何らかの日本的解釈がなされ、普及していったと考えられる。

野球がベースボールとして伝えられ、訳語「野球」が生まれ、普及する過程が、野球の日本化過程の初期の段階であった。子規は、その時期に登場した文人にして「野球狂」である。

二　文明開化における「ベースボール」

1　「ベースボール」の伝来とその教育的価値

「スポーツ」ということばが、はじめてわが国で使われたのは、大正時代の初期であるといわれる。[1] 一般に普及したのは昭和に入ってからで、大正時代は、主に「体育運動」といわれた。明治期には、「遊戯」とか「競技」「競技運動」が一般的であったといわれている。しかし、スポーツの摂取は少しずつ行われており、江戸時代にはバドミントンに似た羽根つきが紹介され、ペリーが浦賀に二度目に来航した時（一八五四年）には、ボクシングが紹介されている。

また、各藩は、幕末の政情不安定の中で、洋式訓練を行い、「体操」を取り入れていた。明治に入り、富国強兵、文明開化政策により、軍事・教育に力が注がれた。軍事上の必要性から多くのスポーツの原型が摂取された。射撃、乗馬（競馬）、フェンシング、ボート（レース）などがその例である。(2)

「ベースボール」は、どうであったか。「ベースボール」は先ず学校教育の場に登場した。

一八七二（明治五）年、「学制」が頒布され、新しい教育制度が発足すると、学校で用いられる教科書は、文部省編書課が、外国教科書の翻訳・翻案を行い教科書作製にあたった。

一八七三（明治六）年に刊行された『小学読本』巻一は、アメリカの『ウィルソン・リーダー』の翻訳・翻案で、直訳の箇所もあり、そこには「野球」に類する遊びが載せられている。(3)

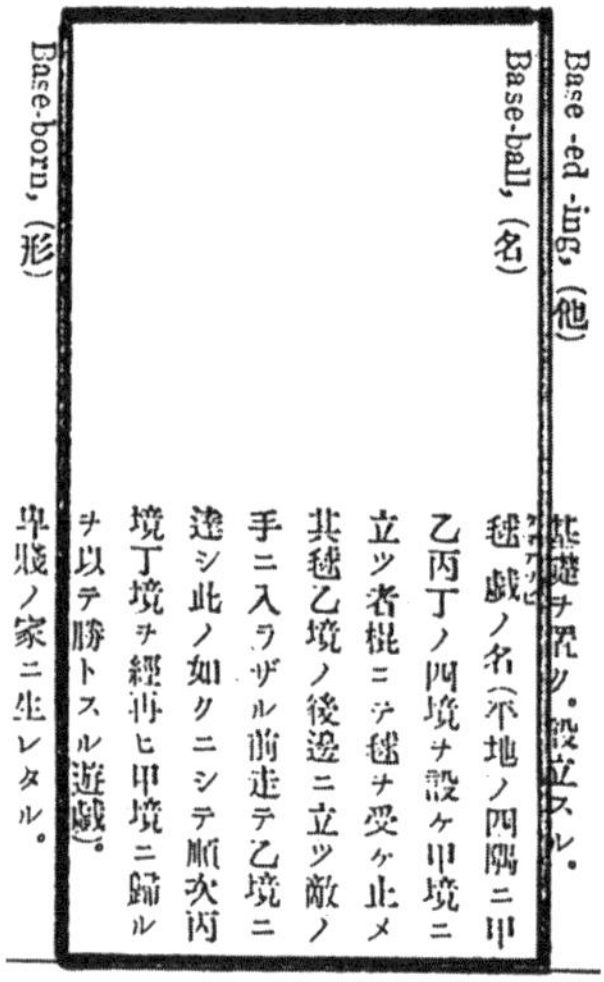
Base -ed -ing, (他) 基礎ヲ置ク・設立スル。
Base-ball, (名) 毬戯ノ名(平地ノ四隅ニ甲乙丙丁ノ四境ヲ設ケ甲境ニ立ツ者棍ニテ毬ヲ受ケ止メ其毬乙境ノ後邊ニ立ツ敵ノ手ニ入ラザル前走テ乙境ニ達シ此ノ如クニシテ順次丙境丁境ヲ經再ヒ甲境ニ歸ルヲ以テ勝トスル遊戯)。
Base-born, (形) 卑賤ノ家ニ生レタル。

わが国最初の「ベースボール」の訳語（尺振八『明治英和字典』1889年、六合館）

（『日本英語辞書年表』1998）

文部省版の絵の描き方も面白いが、文章の意訳も興味深いものがある。

これは、明らかに「ベースボール」のことをあらわしている。しかし、ベースボールは、すでに、わが国に紹介されていたとはいえ（明治五年説と六年説があり——後述）、それはごく一部の者が行っているだけであり、従って、これを教えた教師やまた子どもたちがどれだけその内容を理解していたのかは疑問である。

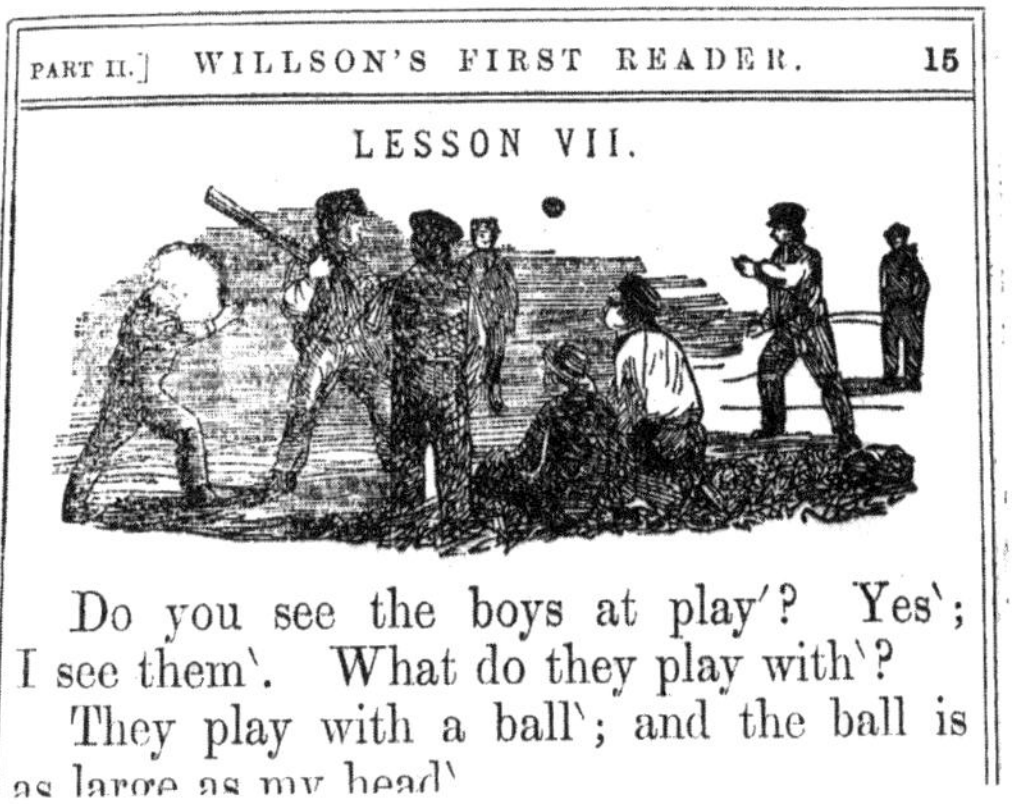
PART II.] WILLSON'S FIRST READER. 15

LESSON VII.

Do you see the boys at play′? Yes`; I see them`. What do they play with`?

They play with a ball`; and the ball is as large as my head`.

『ウィルソン・リーダー』にある
「ベースボール」の絵と文
（筆者蔵）

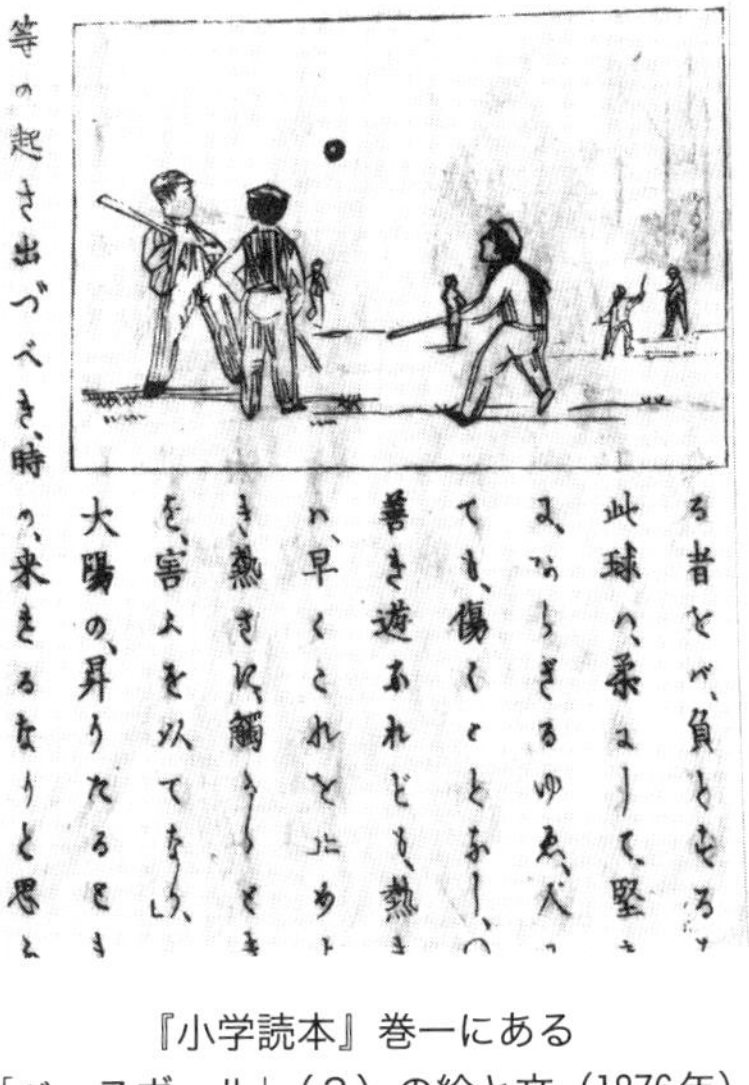
る者を、負とせる
此球ハ、柔にして堅
ならざるゆゑ、人
ても、傷くことなし、
善き遊びなれども、熱
ハ、早くこれを止め
き熱さに觸るゝとき
を、害ふを以てなり、
大陽の、昇りたるとき
等の起き出づべき、時の、来たるなりと思ふ

『小学読本』巻一にある
「ベースボール」（？）の絵と文（1876年）
（筆者蔵）

ところで「ベースボール」の起源は、いつごろ、どこの国で発生したのかについては諸説がある。フランスで、十二世紀ごろからあったスール（la soule）またはシュール（Choule）が発展したという説、イギリスに生まれたスツールボール（stoolball）の変化した説、ワン・オールド・キャット（One Old Cat、又はツー・オールド・キャット）説、ラウンダース（rounders）説、タウンボール（town ball）説があるが、アレキサンダー・カートライト（Alexander Cartwright 1820–1892）がタウンボールのルールを統一して、一八四六年、最初の試合を行ったというのが定説となっている。(4)

本場アメリカの野球は、わが国の明治維新（一八六八年）時には、初のプロ球団が誕生しており、娯楽として大衆化し、野球文化の花が咲きはじめていた頃である。

しかし、実際に野球をするには用具（グラブ、バット、ボールなど）、広いグラウンドを必要とし、しかも集団ゲームとしてルールを身につけるには、当時のわが国では、小学生には困難であったと考えられる。従って、学校教育の正科目のなかには取り入れられていない。

ただ興味深いのは、野球が最初に取り入れられたのは、学校教育の場であった。それは、正科外の課外教育の一環として行われたのである。

このことは、他の西洋スポーツと同様であるが、野球は学校教育の制度的近代化の中で全国的に普及していくことになるのである。

次に、わが国の野球がいつ伝えられたか検討してみたい。

ボール遊びに興じる14世紀のフランスの修道院の修道僧たち
（1344年）

（M. Alvarez, 1990）

今日の野球のもとになったといわれるボールとバットのゲーム
（“A Little Pretty Pocket Book”, 1744、イギリスにて刊行）

（R. McCulloch, 1995）

1820年の木版画にみる子どものベースボール
（“Children’s Amusement” より）
（R. McCulloch, 1995）

アメリカにおける最初の公式野球試合（ニュージャージー州
エリジアン球場〈Elysian Fields〉1846年6月19日）
（M. Alvarez, 1990）

2 「ベースボール」伝来諸説

① 明治五年説

五年説の代表は、君島一郎による第一番中学校（後の開成学校——東京大学）説である。君島の根拠は、新聞『日本』の一八九二（明治二九）年七月二二日号の「好球生投」氏（匿名）の記事に依っている。それによれば、明治五年、第一大学区第一番中学校において、英語、歴史を教えていたお雇い教師ウィルソン（Horace E. Wilson, 1843–1927）というアメリカ人教師が、バットとボールを持って教えたということである。ウィルソンは二〇〇三年、その功績により野球殿堂入りしている。野球

わが国に「ベース・ボール」を
伝えたホーレス・ウィルソン
（1843–1927）
（『野球殿堂2018』2018年）

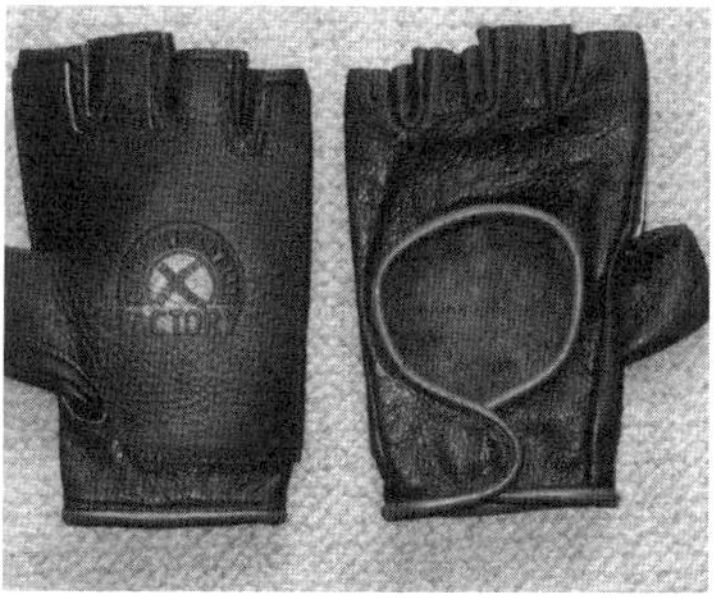

19世紀のアメリカの野球グローブ
（レプリカ、筆者蔵）

史研究者佐山和夫氏も五年説をとっている。[5]

② 明治六年説

六年説は、大島正雄の義父伊藤一隆（開拓使仮学校野球選手）の伝として、開拓使仮学校（後の北海道大学）の英語教師ベーツ（Albert G. Beats, ?–1876）が教えたものが最初で、ここで産声をあげ、開成学校、英語学校へと伝わったという。[6]

有名なクラーク博士（William S. Clark, 1826–86）は、コーチを務めたといわれている。

また別の六年説もある。石井研堂『明治事物起源』によると「野球の始」は、平岡（鉄道局技師）が明治六年、アメリカから、「一本の棍棒と三個の硬い球を携へて帰りしが、これが今日都鄙に大流行の野球の胞子となりしなり[7]」というが、これは、君島も反論しているように、平岡の帰国は、九年が正しく根拠の薄いものである。

その他、熊本洋学校説（明治四年八月、ジェーンズ（Leroy Janes, 1838–1909））、海軍兵学校説がある。

諸説あるなかで明治五年説が定説になっているが、資料的にはなお不明な点も残されている。いずれにしても、明治初期であることは間違いない。

野球の伝来というも、バットやボール（道具）が伝えられても、それは、「道具の輸入」であって、それを使って試合をしてはじめて野球といえるのである。数人でキャッチボールをして遊んだ程度で、それが果たして野球がわが国へ伝えられたといえるのかどうかということになる。大和球士は、プレーをした時点を「野球こと始」とする原点に立てば、開拓使仮学校の明治六年説であると述べている。(8)

ただ考えられるのは、ベースボール伝来説について、ある特定の地域の学校に最初に伝えられて、それが各地に普及したという単源説的解釈も成り立つように考えられる。というのは、十数年という短い期間に、急速に全国の学校教育の中に普及したという事実を考えると、単源説的解釈の方が合理的だと思われるからである。

三 「ベースボール」の訳語「野球」について——外来文化の「日本化」

さて、これまで本来は「ベースボール」と称すべきところを所々「野球」という語を使ってきたが、今日使われている「野球」の訳語はだれが考案したものであろうか。

1 正岡子規説

子規は、明治の俳人、歌人として多くの作品を残し、広く日本人に愛されている文学者である。これ程、広く読まれ、語られる作家は、ほかにいないのではないか。子規の生涯をみると、「文学者・

子規はベースボールを「野球」、「能球（のぼーる）」と書いた

作家」という枠に入りきらないものを感ずる。

一八六七（慶応三）年、松山に生まれる。俳句、短歌の革新をめざす。その「写実主義」により、河東碧梧桐、伊藤左千夫、長塚節、香取秀真、寒川鼠骨、高浜虚子ら多くの同人に与えた影響は多大なものがある。

一八九五（明治二八）年、日清戦争に従軍記者として中国へ行き、帰路船中で喀血した。翌年、カリエスと判明、以後、亡くなるまで病床にあった。一九〇二（明治三五）年没。享年三四歳であった。死の一日前まで、新聞『日本』に連載の随筆（『病牀六尺』）を寄稿した。

若くして病床にありながら、精神はまことに自由闊達、心気躍動、喜怒哀楽をあわせもつ。

その子規は、一八八四（明治十七）年、十八歳の時、東京大学予備門に入学。明治十九－二一年頃は、ベースボールへの関心やみがたく、尋常ならざるものがあった。

「此頃は、ベースボールにのみ耽りてバット一本球一個を生命の如くに思ひ居りし時なり」[9]と記している。まさに、「一球入魂」である。

「啼血始末」に、次のように書きしるしている。被告子規生が判事の閻魔大王、立会検事の牛頭赤鬼と馬頭青鬼の前で病気の取り調べを受け、赤鬼検事の「散歩や運動はせぬか」との問いに、被告「これ等はきらひですが　ベース、ボールといふ遊戯だけは通例の人間よりもすきで　餓鬼になつてもやらうと思つてゐます　地獄にも矢張廣い場所がありますか　伺ひ度ございます[10]」

と答えている。

また、一八九〇（明治二三）年には、新海非風と共同執筆で「山吹の一枝」という小説を書き、その中で「ベースボール」に興じる若者を描いているのも興味深い[11]。

① 小説「山吹の一枝」

此れベースボールといふはいと活躍なる遊びにて殊に熟練を要するものから初めのうちは面白く思はねども少し手に入る様になりて（ボールを受けることが十中八九はできうるといふに至ては）急に熱心の度を増しそれより上手になればなる程いよいよ寝食を忘れてこれに耽ること實にわき目より見れば不思議とやいはん奇妙とやいはん。熱心なる人を見て初め笑ひしともがらも、やうやうに誘はれて自ら其域に至る　而して其時にはただ面白味といふ外は何事も知らざる也（中略）

翌日になると同じ宿の書生二十人余りは威勢よく上野迄くり出したり　紀尾井は此時ピッチヤアと第二ベースとの交代なりしが殊に愉快さうにかけまわれゐたり。

ファオル、アウトと叫ぶ聲、バットにて高くボールを打ちあげたる音木だまにひびきていさまし。勝負もはや経らんとする頃、紀尾井はストライカー（打ち手）となりてベースに出でしが驚きたる調子にて

「こりや驚いた　フル、ベースだねへ
身方の一人「勿論サ　紀尾井たのむぞ
又一人「きをいよくやれ
紀尾井「何をいふのだ、安心しろ、おれが大なやつをやつつけてやろふ
此日は日曜日にて天氣もよければ上野公園の群衆はおびただしく、此廣場は博物館の横にて人の知らぬ處なれどもそれさへ今は眞黒に人の山を築けり。紀尾井は今こそと構へこんで一声エイと棒をふれば、球や近かりけん勢や強かりけんボール左の方へ強きファオルとなりて飛びたり　人人あはやと見返れば無残！　美人の胸。發矢　美人は倒れたり

ここでこの章は終っている。倒れた美人はどうなったのか。無事を祈るのみである。

② 随筆「筆まかせ」

「愉快とよばしむる者たゞ一ツありベース、ボール也。」「運動にもなり、しかも趣向の複雑したる

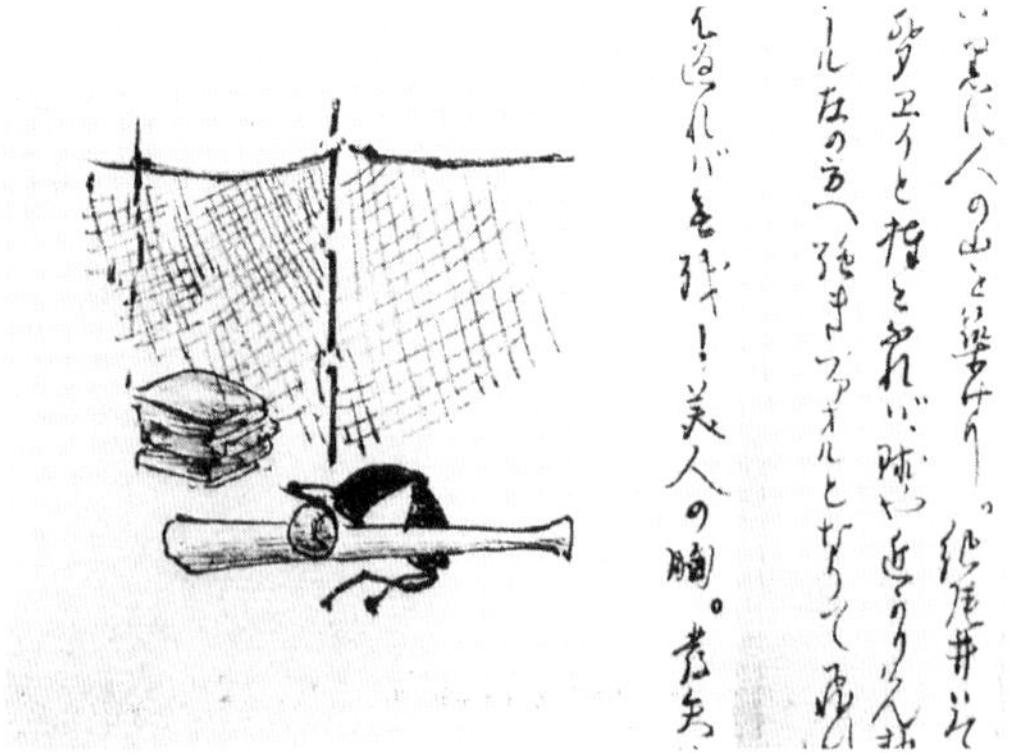

「山吹の一枝」における子規のベースボール画とその一文
（1890年）

はベース、ボールなり」「ベース、ボール程愉快にてみちたる戦争は他になかるべし[12]」とベースボール絶賛である。

しかし、子規は、ここで「野球」という語を使っていない。子規が「ベース・ボール」を「野球」に訳したとする見解は、河東碧梧桐や柳原極堂らの回想録の影響が大きい[13]。碧梧桐の『子規の回想』（昭和十九年刊）によると、一八八八（明治二一）年、碧梧桐が松山へ帰省した所に、はじめて子規から「ベースボールという面白い遊び」を教えてもらったことが書かれている。

「子規と私とを親しく結びつけたものは、偶然にも詩でも文學でもない野球であつたのだ。それで松山のやうな田舎にゐて、早く野球を輸入した、松山の野球開山、と言つた妙な誇りをも持つてゐるのだ」と述べている。

さらに、通りに引っ張り出されて、球の受け方の実地練習をやる事になった。

「掌の裏へ突き抜けるやうな痛さを辛棒して、成るべく平氣な顔をしてゐた。頭の上へ高く來たのは、飛びあがるやうにして、兩手を出しさへすれば大抵はうけられる、一寸投げてご覧、と言はれて、其の投げ方が丁度いゝ具合に往かない。二三度繰り返して、やつと思ひきつて投げた球を、一尺も飛び上つてうけたお手本に驚くよりも、半ば忘れかゝつてゐた眼つきの鋭さが私を喚び覺ました。子規は赤く腫れたやうになつた私の手を見ながら、いろ〳〵に言ひ慰めて、初めてにしてはうまいものだ、ナニ球はすぐうけられるなどと言つた」

『ベースボール』を譯して『野球』と書いたのは子規が嚆矢であつた。が、それは本名の『升』

をもぢつた『野球（ノボール）』の意味であつた」

「子規が嚆矢であった」という部分が強調され、ひとり歩きした結果、子規＝訳語「野球」の創作者となったのであろう。

子規の友人柳原極堂は、子規と共に野球を楽しんだ仲間であるが、次のように述べている。

「我國にてベースボールの法則を世人に説明せしは子規を以て嚆矢とし、其の譯語は多く子規の創意にかゝるものと云はれてゐる。今日行はれてゐる野球の語も子規が初めて用ひしものがそのまゝ成語となつたのだといふことである。ローンテニスを庭球と譯せしに對してベースボールを野球と子規は譯したのだと誰からか聞いたことを覺えてゐる」

高浜虚子は、子規との出会いが野球であったことを次のように回想している。

「松山城の北に練兵場がある。或夏の夕其處へ行つて當時中學生であつた余等がバツチングを遣つてゐると、其處へぞろ〳〵と東京がへりの四六人の書生が遣つて來た。

「おい一寸お借しの。」と其うちで殊に脹脛の露出したのが我等にバツトとボールの借用を申込んだ。我等は本場仕込みのバツチングを拜見することを無上の光榮として早速其を手渡しすると我等から其を受取つた其脹脛の露出した人は、其を他の一人の人の前に持つて行つた。其人の風采は他の諸君と違つて着物など餘りツンツルテンでなく、兵兒帶を緩く巻帶にし、この暑い夏であるのに拘らず尚ほ手首をボタンでとめるやうになつてゐるシヤツを着、平べつたい俎板のやうな下駄を穿き、他の東京仕込みの人々に比べ餘り田舍者の尊敬に値せぬやうな風采であつたが、而も自ら此一團の中心人物である如く、初めは其儘で輕くバッチングを始めた。(中略)他の諸君は皆數十間あとじさりをして爭つて其ボールを受取るのであつた。其バッチングは却々たしかで其人も終には單衣の肌を脱いでシヤツ一枚になり、鋭いボールを飛ばすやうになつた。(中略)余は其ボールを拾つて其人に投げた。其人は「失敬」と輕く言つて余から其球を受取つた。(中略)此バッターが正岡子規其人であつた事が後になつて判つた」

しかし、子規による野球名付け親説は、その名前の雅号にあるのではないか。彼は十歳の時に雅号をつけはじめ、生涯で二〇〇近い雅号をもった。生まれた時の名前が常規、五歳ごろに升と改めている。

③「野球」(ノボール)

友人大谷藤五郎への手紙の末尾に「能球拝」と書き、「能球」を「ノボール」と読ませたりしている。明治二三年のことである。また「野球拝」と書き「ノボール」とふりがなをつけている。『筆まかせ』には、二七歳の雅号を書き出している。その中に「野球」という雅号がある。[14] しかし、子規は、この段階で「ベースボール」の訳語として「野球」を意識していたかどうか不明である。というのは、一八九六(明治二九)年、一高は、はじめて外国人相手に四試合を行い、三勝一敗と勝ち越した。後に子規は、新聞『日本』に「松蘿玉液」と題して寄稿しているが、その最後を次のように結んでいる。[15]

「ベースボール未だ曾て譯語あらず、今こゝに掲げたる譯語は吾の創意に係る。譯語妥當ならざるは自ら之を知るといへども匆卒の際改竄するに由なし。君子幸に正を賜へ。升」とある。

この一文の中で、随所に他の野球用語を自らの創意で訳出しているが、「ベースボール」については「未だ曾て譯語あらず」と述べたままである[16]。

子規は、ベースボールの訳語こそ意識しなかった。しかし、随筆や小説「山吹の一枝」などの中でベースボールについて情熱を注いで多くを書いた。そのことが、子規説に根拠を与えているように考えられる。

2　中馬庚説

中馬庚（ちゅうま・かのえ）、鹿児島県士族、一八七一（明治三）年生まれ。鹿児島式にいえば（ちゅうまん・かなえ）である。明治二二年、一中へ入学。二六年七月卒業。子規の四年後輩にあたる。この両者は、同じ野球に興味をもちながら、面識はあったかもしれないが、交際はなかったようである。

本邦初の『野球』の著者 中馬庚
(1871–1932)
（『野球殿堂2018』2018年）

中馬は、卒業後、入隊。のち鹿児島第一中学校造士館教諭、日露戦争従軍。明治三九年、新設の鹿児島第二中学校教諭。以後、新潟県糸魚川中学校校長、秋田県大館中学校校長、徳島県協町中学校校長をつとめ、

一九一七（大正六）年退職。一九三二（昭和七）年逝去。教育者として人生を送った人である。[17]
その中馬は、一八九四(明治二七)年、ベースボールの語訳を「野球」として友人に語っているという。[18]
そして、翌一八九五（明治二八）年、一高は、校友会雑誌の号外として『ベースボール部史』として発行予定のものを急ぎ『野球部史』として発行した。

① 校友会雑誌『野球部史』（一八九五年）

その「例言」に中馬曰く。

「我部ノ専門語ニ至リテハ今日ハ當リテ速カニ適宜ノ譯語ヲ定メズンバ庭球部又ハ第一園第二園ノ奇語生シテ慣例遂ニ定語トナランヿヲ恐レシカ故ニ我部ノ評決ヲ経ズト雖モ余ハろんてにす部ヲ庭球トシ我部ヲ野球トセバ大ニ義ニ適セリト信ジテ表題ハ野球部史トシ（後略）」とある。[19]

ここで、興味深いのは、「野球」の訳語以前に「庭球」とか「第一園」「第二園」という言い方がされていたということである。中馬は、ここで部員全員の承諾はないが、「野球」という語を仮訳的に急いで使っている。というのは、この『野球部史』の本文中には、「野球」という訳語は使われておらず、すべて「べーすぼーる」と平仮名表記となっているのである。

しかし、いずれにしても子規は、この野球部史刊行の一年後に「ベースボールのいまだかつて訳語あらず」と述べているということは、その刊行を知らなかったということであろう。

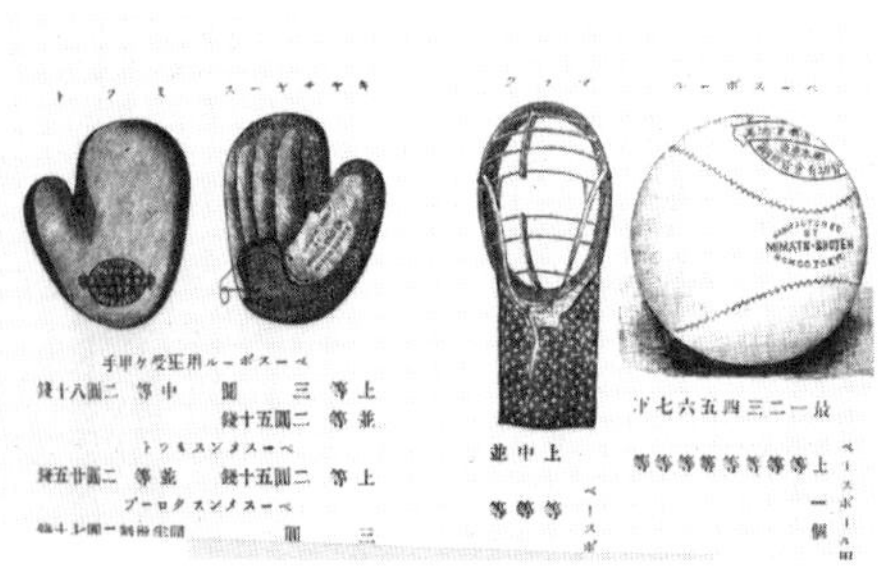

明治時代の野球用具
（中馬庚『野球』の広告ページより）

中馬庚『野球』（前川文榮堂出版、1897年）
（復刻版、1980年）

また逆に、中馬が子規の造語「野球」を全く知らなかったのであろう。

結局のところ、二人は野球に深い関心をもちながら交流はなかったと考える方が妥当であろう。

② 中馬庚著『野球』（一八九七年）

中馬が、本格的に「べーすぼーる」を「野球」の訳語として取り組んだのは、本邦初の個人による体系的書といわれる著書『野球』においてである[20]。刊行は一八九七（明治三〇）年七月である。

中馬は、その例言において注目すべきことを述べている。

「野球ハ北米ノ國技ナルカ故ニ彼國ノ書ヲ参考スルヲ至當トスルカ如クナルモ昨年來横濱外人ト仕合スルニ當リテ彼レノ爲ス所ヲ見ルニ彼我其特長ヲ異ニスルカ如シ故ニ本書ニハ一モ彼レノ著書ヲ参考セス數年前ヨリ時々手記セルモノヲ第一高等學校ノ撰手諸氏ト商量シテ潤飾セシノミナリ」とある[21]。

中馬がアメリカの文献を参考にしなかったと明言したことは何を意味するのであろうか。
確かに前年（明治二九年）、一高チームがアメリカの四チームと対戦して三勝一敗と勝ち越したことが大きな自信になったことは否定できない。しかし、野球そのものの歴史の浅い当時のわが国で、野球の書をものにするのに、参考文献を全く使わず書き上げることは容易ならざることである。それを敢えてした中馬の意図を本書の中にさぐってみる。

「此技（野球）ノ性質」

「區線ヲ施セル廣庭ニ於テ九人ノ撰手球ヲ用ヒテ競技スルモノニシテ其用球ハ堅實ニ其法則ハ繁雑ニ危機毫髪ヲ容レス快擧衆目ヲ驚カスノ機會ニ富ムカ故ニ最モ勇氣ヲ尚ビ機敏ヲ専ラトシ重肩鐵脚ヲ令スルニ機ヲ察シ微ヲ知ルノ心ヲ以テセサル可カラス」と述べている。[22]

そして、「學校運動ノ最良ナルモノ」として、三つの理由をあげている。[23]

まず第一に「邦人ノ性ニ適ス」と考えられる点にある。「邦人ハ外人ニ比スレハ慧ナリ敏ナリ捷ナリ急ナリ他ノ美徳ナキニアラサルモ此數者ハ邦人獨得ノ長所ナリ」。

第二に校技として行うことができ、愛校心を養うことができる。「野球ニ至リテモ復第一高等學校ノ横濱試合以來廣ク天下ニ流布セントシ靑年ノ視聽率子是ニ傾ケリ（中略）行ヒ易キカ故ニ以テ上ハ大學ヨリ下ハ小學ニ至ルマデ校技ノ一トスルニ適セリ（中略）愛校ノ念ヲ養ヒ競争ノ情ヲ慰スルニ足レリ」というものである。

第三は、その経済性にある。当時は端艇に人気があったが、野球はボートに比して全く経済的である。ボートの値段とボール、バットの値段を比較して後者の方がはるかに安くできるというものである。

以上の三点がいずれも的を射たるものでというべきであろう。特に、明治二〇年代から三〇年代にかけて野球が盛んになってきて、学校対抗試合という形で、一つのクラブチームを超えて集団への帰属意識の育成とその確認という現実を目の当たりにして、中馬は、愛校心の涵養という点から、野球という集団ゲームのもつ教育的意義を高く評価したのであった。

この間の事情を横井春野は、訳語「野球」誕生の社会的背景とからめて、「日清戰爭初まるや歐化主義の反動として、國粋論が起りベースボールに反對する者さへ生じてきた。これを憂へて一高出身の中馬庚氏が日本式の野球術語を完成した。投手、捕手、一壘、二壘、三壘、左翼、右翼、中翼、安全球、三振、死球などゝ云ふ邦語は中馬氏の努力で出きたのである」と述べていることとも関連して興味深い(24)。

四 「バット一本球一個を生命の如くに思い居り」(子規)

1 子規のベースボール俳句と短歌

子規は、作家として、俳句、短歌、随筆、小説、日記、漢詩等々に多くの作品を残している。その横溢なる精神性をみると、純粋にスポーツが好きであったことが感ぜられる。

子規が、自らの雅号に「野球（のぼーる）」とつけたことは、前に紹介した通りであるが、俳句革新者としての子規は生前、野球に関する俳句を九句、短歌を九首残している。

野球というゲームと「九」（9）という数字の持つ意味を考えると、子規の野球への思いの深さを感ぜざるを得ない。二二歳で喀血し、年々ひどくなり、やがて病床につく子規にとっては、野球でグラウンドを駆けまわった往時のことが偲ばれるようである。

俳句は、近年、英語俳句も盛んになりつつあるので、英訳されたものを子規の正句の後に記す。[25]

①　俳句九首

1．春風や　まりを投げたき　草の原

spiring breeze
this grassy field makes me
want to play catch

2．若草や　子供集まりて　毬を打つ

the young grass

kids get together
to hit a ball

3. 球うける　極秘は風の　柳かな

the trick
to ball catching
the willow in a breeze

4. 恋知らぬ　猫のふり也　球あそび

like young cats
still ignorant love
we play with a ball

5. 草茂み　ベースボールの　道白し

long grass
the baseball paths
are white

6. 夏草や　ベースボールの　人遠し

summer players far off
in the distance

7. 蒲公英ヤ　ボールコロゲテ　通リケリ

dandelions
the baseball rolled
through them

8. 生垣の　外は枯野や　球遊び

byond the hedge
they are playing ball
in withered field

9. まり投げて　見たき広場や　春の草

I’d like to play catch
in this public plaza

② 短歌九首

1. 久方のアメリカ人のはじめにし
　ベースボールは見れど飽かぬかも

2. 國人ととつ國人とうちきそふ
　ベースボールを見ればゆゝしも

3. 若人のすなる遊びはさはにあれど
　ベースボールに如く者もあらじ

4. 九つの人九つのあらそひに
　ベースボールの今日も暮れけり

5. 今やかの三つのベースに人満ちて

そゞろに胸のうちさわぐかな

6. 九つの人それぞれに場をしめて
ベースボールの始まらんとす（九つの人九つの場をしめて）

7. うちはづす球キャッチャーの手に在りて
ベースを人の行きがてにする

8. うちあぐるボールは高く雲に入りて
又落ち来る人の手の中に

9. なかなかにうちあげたるは危かり
草行く球のとゞまらなくに

子規は、一八九〇（明治二三）年三月、二四歳の時、野球のユニフォーム姿で記念写真を撮っている。この写真を友人大谷是空に送り、手紙に「恋知らぬ猫のふり也球遊び　能球拝」と結んでいる。この時を思い出してか、後年、一首を残している。

球及び球を打つ木を手振りて
シャツ着し見れば其時おもほゆ
（明治三二年）

この写真は一九八〇年、アメリカ歴史学会の学会誌『アメリカン・ヒストリカル・レビュー』（*The American Historical Review*）の「明治日本と西欧文化」の特集号の表紙を飾った。[26] しかし、ここには、明治期の日本の野球も紹介されているが、子規と野球との関係については、残念ながら紹介されていない。表紙の解説も掲載されているが、そこにはMasaokoと記載されており、もちろんこれは、Masaokaの誤りである。

このころ、子規は、「活力統計表」を作っているが、それによると、子規の身長、体重は次のようであった。[27]

身長　五尺四寸一分（約一六三cm）　体重　十四貫（約五三・五kg）

子規のユニフォーム姿の写真
（1880年3月）
（『アメリカ歴史学会誌』の表紙に掲載、1980年）

2　子規の「ベースボール」エッセイ

子規は、ベースボールに関して、多くの文を残している。初期には「山吹の一枝」という小説風の作品の中に試合風景を描いたものがある（前出）。
『筆任勢（筆末加勢）』には、次のような一文がある。(28)

Base-ball

運動となるべき遊戯は日本に少し、鬼事、隠れつこ、目隠し、相撲、撃剱位なり　西洋には其種類多く枚挙する譯にはゆかねども、競馬、競走、競漕などは尤普通にて尤評判よき者なれども、只早いとか遅いとかいふ瞬間の楽みなれば面白き筈なし（中略）たゞローン、テニスに至りては勝負も長く少し興味あれどもいまだ幼稺たるを免れず婦女子には適當なれども壮健活潑の男児をして愉快と呼ばしむるに足らず愉快とよばしむる者たゞ一ツあり、ベース、ボール也（中略）運動にもなり　しかも趣向の複雑したるはベース、ボールなり　人数よりいふてもベース、ボールは十八人を要し随て戦争の烈しきことローン、テニスの比にあらず（中略）ベース、ボール程愉快にてみちたる戦争は他になかるべし　ベース、ボールは総て九の数にて組み立てたるものにて、人数も九人宛に分ち勝負も九度とし pitcher の投げるボールも九度を限りとす　之を支那風に解釈すれば九は陽数の極にてこれほど陽気なものはあらざるべし　九五といひ九重といひ皆九の字を用ゆるを見れば誠に目出度数なるらん

子規のベースボール絶賛の一文である。

そして、随筆「松蘿玉液」において、子規のベースボール研究は、佳境に入る。ベースボールの由来、試合の方法、グラウンドの説明、勝負、守備、攻撃、ボールなど、詳細に説明している(29)。

そして、「ベースボールの特色」として、『筆任勢』で述べた点を以下のように要約した。「球戯はその方法複雑にして変化なきを以て傍観者にも面白く感ぜられる。かつ所作の活発にして生気あるはこの遊戯の特色なり。観客をして覚えず喝采せしむる事なし」。

この随筆で、子規は、用語の日本語訳を試みている。その数は三〇近い。それらは、次のようなものである（カッコ内は子規訳）。

3　子規の「ベースボール」用語の日本語訳

○ベースボール（球戯）　○アウト（除外）
○バット（棒）　○ベース（基）
○ホームベース（本基）　○ピッチャー（投者）
○キャッチャー（攫者）　○ベースマン（基人）
○レフトフィールダー（場左）　○センターフィールダー（場中）
○ライトフィールダー（場右）　○ショルトストップ（短遮）
◎ボール（球、小球）　○イニング（小勝負）

◎ランナー（走者）
◎デッドボール（死球）
◎アンパイア（審判者）
◎ストライカー（打者）
◎デレクトボール（直球）
◎フライボール（飛球）
○ピッチ（正投）
○インカーブ（内曲）
○ホームイン（廻了）
○ゲーム（大勝負）
○アウトカーブ（外曲）
○ドロップ（堕落）

このうち二重丸（◎）は、今日一般に正式用語として使用されているもので、子規の努力とその先見性に驚かされる。

一八八九（明治二二）年、子規は友人と水戸旅行をした。雨中を歩き、大変な疲れを感じた。そして五月九日の夜、突然喀血した。子規の名は、口の中の真っ赤なホトトギスが鳴く時にみせるその姿から「啼いて血を喀くホトトギス」に由来するといわれる。

前出『啼血始末』にあったように、「餓鬼になつても（ベースボール）やらうと思つてゐます　地獄にも矢張廣い場所がありますか」と書いた。

死を予感させるこの一文は、暗い話を、子規一流のユーモアで語り、ベースボールへの情熱を感じさせる。当初、喀血を軽く考えていた子規に、その後も喀血は度重なる。以後、十年余結核性カリエスで「病牀六尺」の生活が、母と妹の三人で続くのである。

数年前、私は東京の子規庵を訪ねた。戦災で焼失したが、戦後復元された子規庵は、子規の息づかいと子規が生きた往時を偲ぶよすがである。

三四歳で没した子規は、浮いた話一つなく、友人の訪れること絶え間なく母と妹の三人家族で、青年期から壮年期を病床で過ごした。

しかし、その精神はあくまで高潔である。私はそこに魅かれる。

五　「ベースボール」の日本化

明治二〇年代に入り、全国の中学校、高等学校に運動関係のクラブが「課外教育活動」の一環としてつくられるようになった。

野球は、その中で全国に急速に広まっていく。このような情勢の中で、子規の「松蘿玉液」は、新聞『日本』に、明治二九年四月から十二月まで連載された。一般大衆紙に、野球について詳細に紹介した初めてのものとされている。そして、中馬庚『野球』が明治三〇年に刊行されている。

教育の一環として、学校教育の中で野球が普及していく過程と、明治初期に、アメリカから「ベースボール」が伝えられ、わずか二十余年後に、訳語「野球」が誕生する背景には、ベースボールが、アメリカ伝来そのままの形でなく、日本的な変化を受けて普及したものと考えねばならない。つまり、日本の社会の中で、野球が日本人の意識のフィルターを通して「日本化」した過程があったと考えられる。

1　野球用語の「和製英語化」

野球の「日本化」過程の一つに、多くの野球用語の日本語訳がなされたが、逆に、原語の変形として「和製英語」が誕生している。

詳しい過程は不明であるが、これも明治期の異文化摂取の一方法と考えるならば、日本人は、まことに好奇心が強く、新しいものの摂取に貪欲であったということがいえる。

因みに和製英語のいくつかをあげてみよう。

例えば、一九〇三（明治三六）年刊行の『女子適用ベースボール法』という書物に、いくつかの和製英語は見出せる。現在も使われているものをあげてみよう。

（カッコ内は正式用語）

デッドボール（hit by pitch）

フォアボール（walk）

フルベース（bases are loaded）

ランニングホームラン（inside-the-park-homerun）

サヨナラホームラン（game-ended homerun）

一方で、投手、捕手、一塁、二塁、三塁、遊撃手、左翼、中堅、右翼という訳語が、定着しつつあったことも、明治期の文献から窺うことができる。(30)

2 日本式「精神野球」の普及

わが国のスポーツの、身体鍛錬のみならず、精神鍛錬を要求するその姿は、多分武道から派生したものと考えられるが、西洋の近代スポーツにも、それが取り入れられ、野球も例外ではなかった。一九〇四（明治三七）年、早稲田大学に敗れるまで、明治二〇–三〇年代に全盛を誇った第一高等学校の練習法は、「一高式野球」といわれる程、独特なものであった。

一高野球の真義は、技術の鍛錬もさることながら、「選手に不撓の男性的意気をたたき込む」ことにあった。グラウンドは道場であり、精神の修養場であった。

「我々の時代の黒田投手と言えば、一高を通じても、ことは下がらぬ猛練習の親玉であつた。彼は投手板に立つ時は、常に上半身裸になつたものである。まだ、霜風の横なぐりに吹通す紀元節には、早や上衣を脱ぎはじめる。主将既に然る以上他の選手も真似ざるを得ない。……唇の色が変つて了ふ、併し此で汗の出る迄練習をしやうと云ふのである。……而して裸体練習で一年中を通して十一月三日の天長節になつてはじめて上着をつけるのである。(31)」

野球競技の真精神は、知育、徳育、体育の涵養にあり、これにより、「武士道的競技」となるとされたのである。

一高時代、名投手としてならした内村祐之も回想記の中で、「一月、二月の厳寒の候に、午後三時の放課後から五時の日暮れまで、寒風吹きすさぶグラウンドに出て、薄いメリヤスのシャツ一枚で練習せねばならぬことであった。(中略)当時の一高野球部は、この苦行から生まれる頑張りの精神の養成を第一義としていた[32]」と述べていることからも理解できるのである。

このような精神野球が、関東のみならず、中部、関西地方にも拡がり全国的なものとなっていく[33]。「学生野球の父」といわれる飛田穂洲(一八八六―一九六五)は、野球による精神の鍛錬を強調し、それを「野球道」といい、また「野球愛」「野球魂」といって、「精神野球」を主唱した人である[34]。

わが国のスポーツは、アマチュア、プロを問わず、「精神主義」「根性主義」を主張する風潮は強い。それは、飛田の時代以降、多くのイデオローグによって主唱されてきた結果である。

六　おわりに

1　「野球」研究の文化史・社会史について

わが国における野球の特色は、次の二点に要約できる。第一は、「一高式野球」に象徴される武士道的精神鍛錬主義である。

第二は、全体主義的、没個性的集団主義である。この二つが重なり合って、わが国独特の学校の運動部組織、クラブ組織がつくられ、国家主義的思潮と相俟って、「ベースボール」から「野球」への日本化がなされてきた。

その中で、子規のように「ベースボール」＝「野球」を純粋にスポーツとして愛する精神は、少数派となった。

学生野球の普及、アメリカプロチームの来日、大学チームの海外遠征等々が盛んになるにつれ、野球の全体主義的傾向は強まり、やがて一九一一（明治四四）年の「東京朝日新聞」と「読売新聞」紙上における「野球害毒論争」に発展するのである。無論それは、一九三二（昭和七）年の文部省による「野球統制令」の布告にまで影響するのである。

野球の盛んなわが国では、スポーツ文化の中で野球の占める位置は、無視して語れない大きなものがある。

日本野球史の中で、学生野球の占める位置、アマチュア野球のみならずプロ野球の役割についてもその探求が必要である。

かつて、作田啓一は、次のように述べている。「日本の軍隊が日本の社会の縮図であったように、日本の高校野球もまた日本人の精神構造のシンボルである、といったら誇張が過ぎるであろうか[35]」。

決して誇張ではないというのが私の考えである。「日本の高校野球を遊戯とみるのは正しいであろうか。それはひょっとすると、むしろ宗教的儀礼に近いものではなかろうか」ともいった。それも正しいと思う。

第二部の「はじめに」で述べた高校野球＝魂の洗濯（場）に通じる。

作田は、デュルケーム（Emile Durkheim, 1858–1917）やカイヨワ（Roger Caillois, 1913–1978）の説に依拠して、高校野球と日本人の精神構造の社会学的分析を行った。私は、その精神構造をつくりあげている歴史的社会的事実（野球）とバックグラウンド（野球をとりまく時代状況）の相互関係をさぐることにより「日本の野球文化」を明らかにできると考える。

そこに、「魂の野球」「野球道」（飛田穂洲）として、本来自由であるべきスポーツ競技の中に、日本的イデオロギーを持ち込んで外来文化伝来のショックを受けとめ、「ベースボール」を「野球」として日本化した内在過程があると考える。

これは、歴史学のアナール学派のソシアビリテ（sociabilite, 社会的結合関係）に共通していると思われる。

2　「その人の　足あと踏めば　風薫る」

私は、十五年間、大学で女子学生と野球をやり、勝てば喜び、負ければ悔しく思った。女子が野球をすると聞いたらわが愛する子規は、何と答えるであろうか。

子規は「ちょっと、お借しの」といって、バットを持って、ノックをしてくれるであろうか。

ベースボール「一寸、お貸しの」と
バット持つ
君にノックを頼みたし（筆者愚作）

近年、野球人口は低年齢化し、幼児のクラブも誕生し、リトル・リーグも全国にわたり多くのリーグがある。それにつけても、野球に限らず、練習や試合における死亡事故、傷害事故の多い事である。野球は、極端に投手に負担のかかるスポーツであるが、優秀な選手が、中学、高校の段階で障害によってリタイアする事を耳にする。プロ野球も同様である。

心身の発達に適した指導のできる専門の指導者がいないことが最大の課題であろう。

スポーツの普及は、その国の経済的・文化的レベルをはかるモノサシであると言われるが、国民「皆スポーツ」の時代となった現在、いま一度、悪しき精神主義、没個性主義を反省し、デモクラシーの本場で生まれた野球の持っている「自主・独立・個性尊重」の精神に立ち返るべきではないかと痛感する。スポーツは、身体のみならず、精神の解放にこの上ないものである。

日本のプロ野球を球場で見て、後日アメリカへ行った折に、メジャーリーグの試合を見ると、選手一人ひとりのプレー、試合の運び方、戦法やファンのちがいから、これは、「同じルール」で異なるゲームをしているのではないかという錯覚に陥ることがある。

その背景には、勝負＝ゲームに対する考え方の相違、つまり「野球観」「ゲーム観」「スポーツ観」

の相違があり、更にその背後には、野球をビジネスと考える球団経営と親会社の付属球団経営という相違があり、それは、社会や文化の相違、つまりは「ベースボール」と「野球」の相違ということになるだろうか？という思いにかられる。

最後に、私の好きな子規の俳句と短歌をあげて終りとしたい。

その人の　足あと踏めば　風薫る

眞砂ナス数ナキ星ノ其中ニ
吾ニ向ヒテ光ル星アリ

注

（1）木村毅『日本スポーツ文化史』洋々社、一九五六年、三一四頁。
（2）木下秀明『スポーツの近代日本史』杏林書院、一九七〇年。
（3）師範学校編『小学読本』文部省、明治七年（明治九年翻訳御届版）。『ウィルソン・リーダー』は、*The First Reader of the School and Family Series* by Marcius Willson　翻訳人　山中市兵衛、明治十八年四月出版。
（4）Ron McCulloch, *How Baseball Began*, Warwick Publishing Co., U.S.A. 1995, pp. 2–5, pp. 26–27.

David Block, *Baseball before We Knew It*, Univ. of Nebraska Press, 2005, p. 153.
（5）君島一郎『日本野球創世記』ベースボールマガジン社、一九七二年、一六一―一七頁。
佐山和夫『明治五年のプレーボール――初めて日本に野球を伝えた男ウィルソン』日本放送出版協会、二〇〇二年。
（6）大島正健『クラーク先生とその弟子達』新教出版社、一九四八年、四〇―四一頁。
（7）石井研堂『明治事物起源』日本評論社、（復刻版）一九六九年、一二〇八頁。
（8）大和球士『真説日本野球史――明治編』ベースボールマガジン社、一九七七年、二〇頁。
功力靖雄『明治野球史』第二編第一章、逍遥書院、一九六九年。
（9）正岡子規「新年二十九年度」正岡忠三郎他編『子規全集』第十二巻、講談社、一九七五年、一五〇頁。
（10）正岡子規「啼血始末」（明治二二年）『子規全集』第九巻、二九五頁。
（11）正岡子規・新海非風「山吹の一枝」『子規全集』第十三巻、八三―八五頁。
（12）正岡子規「筆まかせ」（明治二二年）『子規全集』第十巻、四八頁。
（13）河東碧梧桐『子規の回想』昭南書房、一九四四年、一四―一六頁、四八五頁。
柳原極堂『友人子規』前田出版社、一九四三年、三七二頁。
高浜虚子『正岡子規』甲鳥書林、一九四三年、二三九―二四〇頁。
（14）正岡子規「筆まかせ」『子規全集』第十巻、四一九―四二〇頁。
正岡子規「筆まかせ」『子規全集』第十巻、三二〇頁。
（15）正岡子規「松蘿玉液」『子規全集』第十一巻、三七頁。
（16）久保田正文『正岡子規』吉川弘文館、一九六七年、一八五頁。
（17）城井睦夫『「野球」の名付け親　中馬庚伝』ベースボールマガジン社、一九八八年。
（18）君島一郎『日本野球創世記』五三頁。

(19) 第一高等学校校友会『校友会雑誌号外　野球部史附規則』一八九五年（野球体育博物館『明治期野球名著選集―復刻版』ベースボールマガジン社、一九八〇年に収録）。

(20) この間の事情は、次の連載記事に詳しい紹介がある。
幸田昌三「野球訳名談義」『徳島新聞』一九七五年十一月二七日―十二月二日（五回連載）。

(21) 中馬庚『野球』前川文榮堂、一八九七年（『明治期野球名著選集―復刻版』）。あえて子規命名説を取るのは、神田順治『子規とベースボール』ベースボールマガジン社、一九九二年。

(22) 中馬庚『野球』一一頁。

(23) 中馬庚『野球』一三―一八頁。

(24) 横井春野『日本野球戦史』日東書院、一九三二年、二七頁。

(25) C. Heuvel, *Baseball Haiku: The Best Haiku Ever Written about the Game*, W. W. Norton & Co., U.S.A., 2007, pp. 145–149.
「夏草やベースボールの人遠し」の句には、次の英訳もある。Summer grass-in the distance people playing baseball (Burton Watson, *Masaoka Shiki: Selected Poems*, Columbia Univ. Press, U.S.A., 1997, p. 71.)
土屋文明他編『子規全歌集　竹乃里歌』岩波書店、一九五六年、一八八―一八九頁。九首のうち四首に書き直しがみられる。

(26) American Historical Association, Ed, *The American Historical Review*, Vol. 85, No. 3, June, 1980.

(27) 正岡子規「筆まかせ」『子規全集』第十巻、四三一頁。

(28) 正岡子規「筆まかせ」『子規全集』第十巻、四八―四九頁。
ドナルド・キーン『正岡子規』新潮社、二〇一二年。

ドナルド・キーンは子規が「不必要な苦痛を我が身に晒すことで自分を試し、禁欲的な努力の中で体の弱さを克服しようとした」と「子規の自己虐待」とベースボールを結びつけた解釈をしている。やや異論である。

(29) 正岡子規「松蘿玉液」『子規全集』第十一巻、二八―三七頁。
(30) 京都市第一高等小学校編『女子適用　ベースボール法』発行者松田庄助、一九〇三年。
野球研究会発行『月刊ベースボール』第三巻第三号、一九一〇年。
(31) 中野武二『一高式野球』運動叢書刊行会、一九二二年、二四―三〇頁。
(32) 内村祐之『鑑三・野球・精神医学』日本経済新聞社、一九七三年、四三頁。
(33) 棚田眞輔『明治期の神戸中学校における野球の総合的研究』神戸商科大学研究叢書二三、一九八三年。
(34) 飛田穂洲『日本の野球』中央公論社、一九四一年。
(35) 作田啓一『恥の文化再考』筑摩書房、一九六七年、二六二―二六三頁（付論「高校野球と精神主義」）。
氏原英明『甲子園という病』新潮新書、二〇一八年。

中島大輔『野球消滅』新潮新書、二〇一九年。

玉木正之・小林信也『真夏の甲子園はいらない』岩波ブックレット、二〇二三年。

元永知宏『野球と暴力――殴らないで強豪校になるために』イースト・プレス、二〇二〇年。

中村哲也『体罰と日本野球』岩波書店、二〇二四年。

付論1　回想の長谷川良平投手（元広島カープ）

私事になるが、「小さな大投手」といわれた長谷川氏と私は同郷（愛知県半田市）ではあるがお会いしたことはなく出会いは全くの偶然であった。長谷川氏のお姉さんに私の姉が長年懇意にしていただいていたが、私から姉に野球の話をしたことはなく、ふとしたことで長谷川氏のお姉さんとわかり連絡をとっていただき、また森楙先生（広島大学名誉教授）にも紹介の労をとっていただき、長谷川氏に広島でお会いできることになった。

長谷川良平投手野球殿堂入り祝賀会（2001年）（金田正一氏と握手、右は奥様淑子様）（長谷川家蔵）

長谷川良平投手と竹内（野球殿堂入り記念祝賀会にて、2001年）（筆者蔵）

小学生の時、彼が投げる試合をみたことがあった。眼の色が碧く外国人のようにみえた。マウンドの上で弾むように投げ、打ってはセンターオーバーの三塁打を打った。半田商工時代のことである。試合は、半田商工グラウンド（現在の半田中学校）で行われた。地元半田市では彼のことを「良ちゃん、良ちゃん」と皆が呼んでおり、私も子どもの頃から親しみをもってその名を耳にしていたものである。
記録では身長一六七センチ、体重五六キログラム、一九三〇（昭和五）年生まれ、社会人チームを経て、一九五〇（昭和二五）年、広島カープ（現広島東洋カープ）入団。多くの文献には「テスト入団」とあるがテストは受けていないと言っておられた。

広島カープへ一九五〇年入団、投手として実働十四年。

勝利数（一九七勝、歴代二五位、二〇八敗）

通算登板回数（六二一回、歴代二五位）

通算完投数（二一三回、歴代十二位）

通算完封数（三八回、歴代十八位）

通算投球回数（三三七六1／3回、歴代十三位）

年間最多勝利数（三〇勝、一九五五年）

通算防御率（二・六五、歴代十九位）

オールスター出場七回、なんとも形容のしようのないすばらしい大記録である。二〇〇一（平成十三）年、野球殿堂博物館の殿堂入りを果たされている。

日本野球研究家でアメリカ人のロバート・フィッツ博士は『日本野球の思い出』の中で長谷川氏について次の

長谷川良平投手の投球フォーム
（広島カープ）

ように述べている。

「彼のピッチングは躍動して飛び上がるように投げた。サイドスローでコントロールもよかった。かつての投手は球の扱いがうまく思ったところに投げたが、いまの投手はコントロールが悪い。昔は金田、杉下、稲尾のような本物の投手がいたが、今は唯投げるだけの投手だ。長谷川良平は、ずば抜けた投手だった。小柄ながらサイドから変わったボールの投げ方をする投手だった。自然なフォームでスライダー、シンカーを投げた。スピードの変化がずば抜けていた。時々、彼は先発完投したが翌日、リリーフで投げた。好機とみるや彼らは毎日投げた。私には信じられないことだった。アメリカのようなローテーションがなかったのである。」

長谷川投手の在籍中の広島カープは万年Bクラスにあって、チームの勝利数の四割以上の勝利数を稼いだ年もあり、文字通り、チームのエースナンバーワンであった。

はじめてお会いした時の印象は、着飾ったところのない紳士という感じであった。

故里半田の話をされたあと、殿堂入りの電話をもらった時は、「イタズラ電話かと思った」と言われた。「半世紀前のことだから」本当にびっくりしたと言われたが、むしろ遅すぎる殿堂入りであった（二〇〇一年）。

投手時代について「わしは人づきあいはあまりよい方ではなかった。マージャンもやったが、私は、生来、酒が飲めないし、試合で投げなきゃいかんので断ったこともある。」負けチームの悪い癖で「敗け癖」がつくと選手は試合後、マージャンをしたり、飲みに出かける。長谷川氏はそれがいやで自分で休養をとるために断ったのである。

あまり多くを語られなかったが、当時の石本秀一監督に気に入られいつも「ハセ、ハセ」と呼ばれ、可愛がられたことも他の選手によく思われなかったのだろうと思われる。「いやがらせ」も多くあり内野ゴロを一歩遅れてとり、内野安打にさせたり、「ハセ、今度はエラーしてやるから」と言われたこともあったという。

若くして実力のある投手への羨望と憎悪、彼を無視する選手も多かったらしいが、長谷川氏は強い精神力で打勝った。

投手として勝利数一九七勝については、二〇〇勝まであとわずかだとかいわれるが「わしの時代は、二〇〇勝投手とか、そんないい方はなく、勝ち星の数を気にしたことはなかった」と言われた。

広島での殿堂入り祝賀会の折りは地元愛知県で高校時代に共に戦い、国鉄スワローズ、読売ジャイアンツで活躍した金田正一氏、カープ歴代監督、古葉竹識氏、阿南準郎氏や、山本浩二氏、衣笠祥雄氏、試合の女房役捕手の長谷部稔氏もお祝いにかけつけておられた。

その後、殿堂入り祝賀会の写真を送ってくださったが、その端正な文字に端正な姿と共に人柄が偲ばれる。

そして、殿堂入りした二〇〇一年八月には、故里半田市から「市民栄誉賞」を受賞された。

半田商工時代、愛知県代表として岐阜県代表岐阜商に惜敗し甲子園を逃したなつかしい球友との再会を喜んでおられた。

殿堂入りや半田市民栄誉賞の折りの写真をお送りしたら、四つ切り判カラーの記念写真や、カープの紅白戦のＶＴＲも送ってくださった。

「今年は一月から一二月まで感動と感謝の連続で本当に幸せな年でした。つくづく広島カープ球団で野球が出来たのはすべてラッキーだったと思っています。（略）旧友、球友である金田（正一）君も喜んで参加してくれて一生懸命盛立ててくれて会場の皆さんにも大受けしたことは何よりも嬉しく感じました。カープファンの皆様に自分の想像以上に喜んでいただいた事は私にとっては最高の宝です。後僅かで今年も終わりですがどうかいい正月をお迎えください。長谷川良平」とお手紙をいただけたことは私にとっても光栄なことである。

広島の街を歩いていると、必ず誰かが「よく頑張ったね」と声をかけ、本当に嬉しかったといっておられた。

長谷川氏は二〇〇六年、七六歳で亡くなられた。誠に残念で寂しい限りである。

参考図書
堀治喜『全身野球魂　長谷川良平』文工舎、二〇〇七年。
Robert K. Fitts, *Remembering Japanese Baseball*, Southern Illinois University, U.S.A., 2005.

文献（引用文献を含む野球関係全般）

1．女子野球関係

京都市第一高等小学校編『女子適用　ベースボール法』発行者松田庄助　一九〇三
愛媛県立今治北高等学校編『北桜――創立八〇周年記念誌』今治北高等学校創立八〇周年記念事業期成会　一九七九
愛媛県立今治北高等学校創立百周年記念通史編集委員会編『愛媛県立今治北高等学校創立百周年記念通史』愛媛県立今治北高等学校　一九九九
内務省編『運動競技全書』朝日新聞社　一九二五
船曳由美『一〇〇年前の女の子』講談社　二〇一〇
学園史編纂委員会編『創立六〇周年記念愛知県淑徳学園史』愛知淑徳学園　一九六五
学園史編纂委員会編『創立八〇周年記念愛知淑徳学園小史』愛知淑徳学園　一九八五
熊本県立第一高等女学校清香会編『済美』第十七号　一九二二
横井春野『少女運動競技の仕方』三徳社書店　一九二三
愛知県立半田高等学校『半田高等学校百年史』半田高等学校百周年記念事業実行委員会　二〇一九
越原学園七〇周年史編集委員会編『学園七〇年史　春嵐』越原学園　一九八五
愛知県立半田高等学校『愛知県立半田高等学校誌』愛知県立半田高等学校創立記念事業実行委員会　一九八〇
文部省編『女子体育状況調査』文部省　一九二〇
愛知県議会事務局編『愛知県議会史』第五巻　愛知県議会　一九六四

江刺正吾『女性スポーツの社会学』不昧堂出版　一九九二
中央運動社編及び発行『日本女子オリムピック年鑑』一九二四
丸山直弘編『和歌山県高等学校野球大会史』和歌山県高等学校野球連盟・県野球協会　一九六〇
柳繁代「優勝メダルはいぶし銀――女子野球のルーツ」一九九三
柳繁代『歌集　久ちなしの花』（私家版）一九九三
加藤吉文編『大正の球女――加藤冬の想い出』（私家版）一九九六
人見絹枝『女子スポーツを語る』人文書房　一九三一
小野恵美雄他編『写真集明治大正昭和桜井』国書刊行会　一九七九
田口角次郎『小学校師範学校女学校興味ある競技遊戯』一二三堂　一九二一
宮城県第二女子高等学校九〇周年記念事業実行委員会編及び発行『二女高九〇年――かぐわしき未来へ』一九九四
宮城県第一女子高等学校『六十年史』一九六一
読売新聞社社会部編『われら野球人』ベースボールマガジン社　一九七七
大阪府立港高等学校創立八〇周年記念誌編集委員会編『躍進へつなぐ伝統八十年――創立八十周年記念誌』大阪府立港高等学校　一九九一
松本蟻ヶ崎高校同窓会『蟻高一二〇周年――母校と同窓会の歩み』https://www.nagano-c.ed.jp/arigasak/
長野県松本蟻ヶ崎高等学校沿革史委員会編『長野県松本蟻ヶ崎高等学校七十年史』長野県松本蟻ヶ崎高等学校七十周年記念事業委員会
長野県松本高等女学校校友会同窓会編及び発行『唐澤先生謝恩記念號』一九二二
広島県立甲山高等女学校校友会編及び発行『會誌』第二号　一九二六
広島県立甲山高等女学校同窓会編及び発行『鈴の音』一九八四
東京府立第一高等女学校編及び発行『本校の現状』一九三一

和歌山県教育史編纂委員会編『和歌山県教育史』第一巻通史編　和歌山県教育委員会　二〇〇七
文部省編『女子體育』右文館　一九二三
佐山和夫『日米野球裏面史――美少女投手から大ベーブ・ルースまで』NHK出版　二〇〇五
桑原稲敏『女たちのプレーボール――幻の女子プロ野球青春物語』風人社　一九九三
結城陸郎『愛知県近代女子教育史』愛知県郷土資料刊行会　二〇〇〇
女性体育史研究会編『近代日本女性体育史――女性体育のパイオニアたち』日本体育社　一九八一
手束仁『東京六大学野球女子投手誕生物語――ふたりの勇気』アリアドネ企画　二〇〇二
田中科代子『プロ野球選手はお嬢さま――白球に恋した淑女たち』文芸社　二〇〇二
長谷川晶一『真っ直ぐ、前を――第二回女子野球ワールドカップ日本代表の十日間』河出書房新社　二〇〇七
谷岡雅樹『女子プロ野球青春譜一九五〇――戦後を駆け抜けた乙女たち』講談社　二〇〇七
同右『甦る！女子プロ野球――ヒールをスパイクに履きかえて』梧桐書院　二〇一〇
上中別府チエ『八三歳の女子高生球児』ゆうゆうブックス　二〇一三
常蔭純一『私の青空――日本女子野球伝』径書房　一九九五
宮崎広久「憧れのオーバーフェンス女子野球物語」『産経新聞』（夕刊）一九九三年三月一日－三月十九日（十三回）
大竹敏之「虹のように現れて消えた、幻の女子プロ野球チーム『名古屋レインボー』」『野球小僧』第二号　白夜書房　一九九九

◎雑誌関係
『アサヒスポーツ』朝日新聞社
『運動界』運動界社
『運動世界』運動世界社

『教育時論』開発社
『月刊ベースボール』野球研究会
『女学世界』博文館
『スポーツマン』スポーツマン社
『體育日本』大日本体育会
『野球界』野球界社

◎論文等
馬場哲夫他「日本女子大学の体育発展に貢献した人々⑸初代体育教師白井規矩郎について―その４―」『日本女子大学紀要　家政学部』第三七号　一九九〇
庄司節子「近代日本における女性スポーツの創造」東海体育学会編『創造とスポーツ科学』杏林書院　二〇一一
庄司節子「東海女学生キッツンボール大会と女子野球の普及活動」日本体育学会第四八回大会発表資料　一九九七
Oebra Skattak, Playing Man's Game: Women Baseball in U.S.A. 1866–1954, Brown University（修士論文）1986
Elysian Fields, Vol. 12 No. 2,（特集 Baseball is A Man's Game Or is it?）U.S.A. 1993
NINE: A Journal of Baseball History & Culture, Vol. 9 No. 1, 2, U.S.A. 2000
来田享子「スポーツと『性別』の境界」『スポーツ社会学研究』第十八―二号　二〇一〇
高嶋航「女子野球の歴史を再考する」『京都大学文学部研究紀要』第五八巻　二〇一九
赤澤祐美「一九〇〇年代初頭の日本における「野球型」種目に関する研究」中京大学大学院体育学研究科（修士論文）二〇一四
赤澤祐美、來田享子「一九〇〇年代初頭の野球型種目に関する研究」『東海学園大学教育研究紀要　スポーツ健康科学部』第五号　二〇一九

田中亮太郎「日本における女子野球に関する研究」『大阪芸術大学紀要』第十八号　一九九五
花谷建次他「女子『野球』に関する史的考察（Ⅱ）日本女子野球史」『大阪教育大学紀要』第四部門第四五巻二号　一九九七
館慎吾「女子野球の歴史的考察と現状に関する課題研究」順天堂大学修士論文　二〇一三
庄司節子「一九三八（昭和十三）年米国女子野球団来朝と日米親善試合について」日本体育学会　第六六回大会　二〇一五

2. わが国の野球史（子規関係）

第一高等学校校友会『校友会雑誌号外　野球部史附規則』一八九五
正岡子規『子規全集』講談社　一九七五
正岡子規『筆まかせ抄』岩波書店　一九八五
正岡子規『松蘿玉液』岩波書店　一九八四
河東碧梧桐『子規の回想』昭南書房　一九四四
柳原極堂『友人子規』前田出版社　一九四三
高浜虚子『正岡子規』甲鳥書林　一九四三
久保田正文『正岡子規』吉川弘文館　一九六七
城井睦夫『「野球」の名付け親　中馬庚伝』ベースボールマガジン社　一九八八
中馬庚『野球』前川文栄堂　一九〇一
神田順治『子規とベースボール』ベースボールマガジン　一九九二
横井春野『日本野球戦史』日東書院　一九三二
土屋文明他編『子規全歌集　竹乃里歌』岩波書店　一九五六

ドナルド・キーン『正岡子規』新潮社　二〇一二
岡野進『正岡子規と明治のベースボール』創文企画　二〇一五
中野武二『一高式野球』運動叢書刊行会　一九二二

◎子規の英文伝記及び英文俳句・川柳
The Shiki Museum Ed., *Masaoka Shiki Museum*, 2012
Cor Heuvel & N. Tamura, Eds., *Baseball Haiku*, W. W. Norton Co., U.S.A., 2007

3. その他野球全般

全日本軟式野球連盟編『軟式野球史』ベースボールマガジン社　一九七六
『明治時代の野球――野球伝来〜近代野球へ』財団法人野球体育博物館（現野球殿堂博物館）発行年不明
君島一郎『日本野球創世記』ベースボール・マガジン社　一九七二
京都市第一高等小学校『京都市第一高等小学校教育概況』発行者南大路勇太郎　一九一一
佐藤光房『もうひとつのプロ野球――山本栄一郎の数奇な生涯』朝日新聞社　一九八六
東田一朔『プロ野球誕生前後――球史の空白をうめる』東海大学出版会　一九八九
初代松旭斎天勝『魔球の女王一代記』かのう書房　一九九一
岸野雄三他編『近代体育スポーツ年表　新版』大修館書店　一九八六
日本体育協会監修『最新スポーツ大事典』大修館書店　一九八七
横井春野編『全国少年野球大会史』大日本少年野球協会発行　一九三一
糸井浅治郎『少年野球術』松田尚友堂　一九一八
乾百年史編集委員会編『乾百年史』京都市立乾小学校創立百周年記念事業実行委員会　一九七〇

木村毅『日本スポーツ文化史』洋々社　一九五六
木下秀明『スポーツの近代日本史』杏林書院　一九七〇
佐山和夫『明治五年のプレーボール――初めて日本に野球を伝えた男ウィルソン』日本放送出版協会　二〇〇二
『野球殿堂2018』2018年
大島正健『クラーク先生とその弟子達』新教出版社　一九四八
石井研堂『明治事物起源』日本評論社　一九六九
大和球士『真説日本野球史――明治編』ベースボールマガジン社　一九七七
功力靖雄『明治野球史』逍遥書院　一九六九
内村祐之『鑑三・野球・精神医学』日本経済新聞社　一九七三
棚田眞輔『明治期の神戸中学校における野球の総合的研究』神戸商科大学研究叢書二三
飛田穂洲『日本の野球』中央公論社　一九四一
作田啓一『恥の文化再考』筑摩書房　一九六七
氏原英明『甲子園という病』　新潮新書　二〇一八
中島大輔『野球消滅』新潮新　二〇一九
玉木正之・小林信也編『真夏の甲子園はいらない――問題だらけの高校野球』岩波ブックレット№一〇七七　岩波書店　二〇二三
堀治喜『全身野球魂　長谷川良平』文工舎　二〇〇七
大谷武一他編『ティームゲイムス』目黒書店　一九二五
佐々木等他編『学校に於ける球技指導の実際』目黒書店　一九二八
山川建述（文部省体育課長）『野球統制の話』発行所不詳　一九三二（？）
大日本少年野球協会編及び発行『最新公式少年野球規則』一九二一

丸山直弘編『和歌山県高等学校野球大会史』和歌山県高等学校野球連盟・県野球協会　一九六〇
下川耿史編『近代子ども史年表一八六八－一九二六　明治大正編』河出書房新社　二〇〇二
菊幸一『「近代プロ・スポーツ」の歴史社会学——日本プロ野球の成立を中心に』不昧堂出版　一九九三
橘川武郎他『ファンから観たプロ野球の歴史』日本経済評論社　二〇〇九
中村哲也『学生野球憲章とはなにか——自治から見る日本野球史』青弓社　二〇一〇
広畑成志『終戦のラストゲーム——戦時下のプロ野球を追って』本の泉社　二〇〇五
山室寛之『野球と戦争——日本野球受難小史』中公新書　二〇一〇
高橋忠次郎他編『最新ベースボール術』岡崎屋書店　一八九九
高橋雄次郎『新式ベースボール術』四海堂　一八九八
Robert Fitts, *Remembering Japanese Baseball: An Oral History of the Game*, Southern Illinois University Press, U.S.A., 2005
（英語で日本野球について書かれた著作で直接話を聞いてまとめたもの。岩本章、中西太、与那嶺、バッキー、ブラッシングゲーム、レロン・リー、ブライアントら。あとがきに述べた長谷川良平氏について書かれている。）
ロバート・フィッツ『大戦前夜のベーブ・ルース——野球と戦争と暗殺』原書房　二〇一三
Robert K. Fitts, *Issei Baseball: The Story of the First Japanese American Ballplayers*, University of Nebraska Press, U.S.A., 2020
Robert Obojski, *The Rise of Japanese Baseball Power*, Chilton Book Co., U.S.A., 1975
中澤不二雄監修『球界——八十年の歩み』一九五六（生の写真を使った貴重な記録集）
広瀬謙三『日本の野球史』国民体育振興会　一九六七（草創期からの貴重な写真と歴史とプロ、ノンプロ、大学、高校、国体等の記録。大正期の少年軟式野球、米国女子野球団等を収録）
国民新聞運動部『日本野球史』ミュージアム図書　二〇〇〇
横井春野『日本野球戦史』日東書院　一九三二

中川善之助『雪やけ陽やけ』河出書房　一九四〇
水庭進編『野球の英語活用辞典』南雲堂　一九八八
時枝実著　福島図書館研究所編『時枝実旧蔵明治大正昭和前半期刊行スポーツ関係図書目録』福島図書館研究所　二〇〇五
斎藤三郎「野球文献史話一－十七」『読売スポーツ』一九五二年三月号～一九五三年六月号
南崎昌彦著　堀俊明解説　福島図書館研究所編『南崎昌彦所蔵　野球関係図書目録』福島図書館研究所　二〇一一
永田陽一『東京ジャイアンツ北米大陸遠征記』東方出版　二〇〇七
永田陽一『日系人戦時収容所のベースボール――ハーブ栗間の輝いた日々』刀水書房　二〇一八
永田陽一『ベーブ・ルースは、なぜ甲子園でホームランを打てなかったのか』東方出版　二〇一九
中西満貴典『追憶の日米野球――日本プロ野球誕生前夜』彩流社　二〇一七
中西満貴典『追憶の日米野球Ⅱ――「大日本東京野球倶楽部」誕生』彩流社　二〇一八
中西満貴典『プロ野球の誕生――迫りくる戦時体制と職業野球』彩流社　二〇二〇
中西満貴典『プロ野球の誕生Ⅱ――リーグ元年の万華鏡』彩流社　二〇二〇
手東仁『少年野球と甲子園――中学野球の組織と現場』三修社　二〇〇七
江刺正吾他編『高校野球の社会学』世界思想社　一九九四
有山輝雄『甲子園野球と日本人――メディアのつくったイベント』吉川弘文館　一九九七
軍司貞則『高校野球「裏」ビジネス』ちくま新書　二〇〇八
元永知宏『野球と暴力――殴らないで強豪校になるために』イースト・プレス　二〇二〇
中村哲也『体罰と日本野球』岩波書店　二〇二三
中島大輔『野球消滅』新潮新書　二〇一九
「週刊東洋経済」二〇一六・八・六（特集「高校野球　熱狂の表裏」）

4. アメリカの野球文献（女子野球を含む主なもの）

Harold Seymour et al., *Baseball: The Early Years*, Oxford University Press, U.S.A., 1960

Harold Seymour, *Baseball: The People's Game*, 1990（第四章に女子野球の歴史）

Harold Seymour, *Baseball: The Golden Age*, 1971

Robert Henderson, *Ball, Bat, and Bishop: The Origin of Ball Games*, University of Illinois Press, 2001

David Block, *Baseball before We Knew it: A Search for the Roots of the Game*, University of Nebraska Press, U.S.A., 2005

Ron McCulloch, *How Baseball Began*, Warwick Publishing Inc., U.S.A., 1995

Geoffrey Ward et al., *Who Invented the Game?*, U.S.A., 1994

Mark Alvarez, *The Old Ball Game*, Redefinition Inc., U.S.A., 1990

G. Ward & K. Burns, Eds., *Baseball: An Illustrated History*, Alfred Knopf, 1994

5. 「野球文献」に関する書籍

Myron J. Smith, Jr., *Baseball: A Comprehensive Bibliography, Supplement* 1 *(*1985–*May*1992*)*, McFarland & Co., U.S.A., 1993

Myron J. Smith, Jr., *Baseball: A Comprehensive Bibliography, Supplement* 2 *(*1992 *Through* 1997*)*, McFarland & Co., U.S.A., 1998

Anton Grobani, *Guide to Baseball Literature*, Gale Research Co., U.S.A., 1975, 2002

Marion Fournier, *The Baseball File: A Comprehensive Bibliography of America's National Pastime*, Ergodebooks, U.S.A., 1992

R. Henderson, *Ball, Bat, and Bishop: The Origin of Ball Games*, Rockport Press, 1947 (New Edition, University of Illinois Press, 2001)

R. McCulloch, *How Baseball Began*, Warwick Publishing, Inc., U.S.A., 1995

G. Ward & K. Burns, *Who Invented The Game?*, Alfred A. Knopf, U.S.A., 1993

D. Block, *Baseball Before We Knew it*, University of Nebraska Press, U.S.A., 2005

H. Peterson, *The Man Who Invented Baseball*, Charles Scribner's Sons, U.S.A., 1969

G. Palmer, *Baseball for Girls and Women*, Burns & Co., U.S.A., 1929

A. Rochefort, *Healthful Sports for Boys*, The Christian Herald Bible House, U.S.A., 1919

M. Alvarez, *The Old Ball Game*, Redefinition Book, U.S.A., 1990

J. Ring, *A Game of Their Own: Voices of Contemporary Women in Baseball*, University of Nebraska Press, U.S.A., 2015

J. Ring, *A Game of Their Own: Voices of Contemporary Women in Baseball*, Univ. of Nebraska Press, U.S.A., 1880 (Revised Edition, 1996)

B. Struch at al., *Baseball Glory, Baseball Dreams*, (Desk Diary 1992 and 1993, 1998) Workman Publishing, 1991, 1992, 1994

G. Ward & K. Burns, *Baseball, 1995 and 1996 Calendar*, Alfred Knopf, U.S.A., 1994 and 1995

◎女子野球特集雑誌

NINE: A Journal of Baseball History & Culture, University of Nebraska Press, U.S.A.（年間）

Elysian Fields Quarterly, *The Baseball Journal*, Tom Goldstein Publisher, U.S.A.（季刊）

◎全米女子プロ野球リーグに関するもの（AAGPBL, All-American Girls Professional Baseball League）

Merrie A. Fidler, *The Origins and History of the All-American Girls Professional Baseball League*, McFarland & Co., U.S.A., 2006

Debra A. Shattuck, *Playing a Man's Game: Women and Baseball in the United States,* 1866–1954, Brown University Library, 2001（大学院修士論文）

W. C. Madden, *The Women of the All-American Girls Professional Baseball*, McFarland & Company, Inc., U.S.A., 1997（AAGPBL の選手名鑑）
Gladys Palmer, *Baseball for Girls and Women*, Burns & Co., 1929
K. D. Williams, *The All-American Girls After the AAGPBL*, McFarland & Co., U.S.A., 2017
L. Heaphy & M. May eds., *Encyclopedia of Women and Baseball*, McFarland & Co., U.S.A., 2006（わが国の女子野球の歴史について竹内が執筆　一四二―一四五頁）
L. Browne, *Girls of Summer: In Their Own League*, HarperCollins Publishers Ltd., U.S.A., 1994
S. Macy, *A Whole New Ball Game*, Henry Holt & Co., U.S.A., 1993 Hardcover (Puffin Books, 1995 Softcover)
D. Brown, *A League of My Own: Memoir of a Picher for the AAGPBL*, McFarland Co., U.S.A., 2003
M. F. Galt, *Up to the Plate: AAGPBL*, Lerner Publication Co., U.S.A., 1995
Gai Berlage, *Women in Baseball: The Forgotten History*, Praeger, U.S.A., 1994
B. Gregorich, Women at play: The Story of Women in Baseball, Harcoutt Brace & Co., U.S.A., 1993
D. S. Helmer & T. S. Owens, *Bells of Ballpark: Celebrating AAGPBL*, Summer Game Books, U.S.A., 2015
J. Ring, *A Game of Their Own: Voices of Contemporary Women in Baseball*, University of Nebraska Press, U.S.A., 2015
D. Kindred, *The Colorado Silver Bullets for the Love of the Game: For the Love of the Game*, Longstreet Press., U.S.A., 1995（一九九〇年代のアメリカ女子プロ野球チーム「シルバーブレッツ」の消長記録）
D. Adler, *Mama Played Baseball*, Harcourt, Inc., U.S.A., 2003（絵本による物語）
Jean Patrick, *The Girl Who Struck Out Babe Ruth*, Carol Rhodes Books, U.S.A., 2000（ベーブルースから三振を取った実在のジャッキー・ミッチェルに関する絵本物語）
Bob Kann, *Joyce Westerman: Baseball Hero*, Wisconsin Historical Society Press, U.S.A., 2012
Kenneth Griswold, *Baseball in Rockford*, ARCADIA, U.S.A., 2001

Robert Peterson, *Only the Ball Was White*, McGraw-Hill Book Co., 1970（ニグロリーグに関するものは数多く刊行されている。）

◎アメリカ女子野球史に関するもの

B. Gregorich, *Women at Play: The Story of Women in Baseball*, Hart Court Brace & Co., U.S.A., 1993（B・ルースやL・ゲーリックと対戦したジャッキー・ミッチェルの章や大正時代に来日したフィラデルフィア・ボビーズの章がある。）

G. I. Berlage, Women in Baseball : The Forgotten History, Drager, U.S.A., 1994

6. 野球に関する研究資料館、学会及び研究会

◎日米の野球殿堂博物館

① National Baseball Hall of Fame and Museum, 25 Main st., Cooperstown, NY 13326 U.S.A.　https://baseballhall.org

② Negro Leagues Baseball Meseum, 1616 East 18th Street, Kansas City, MO 64108, U.S.A.〈ジャーナル〉https://nlbm.com

③野球殿堂博物館及び図書室

〒一一二-〇〇〇四　東京都文京区後楽一-三-六一

電話　〇三-三八一一-三六〇〇

http://www.baseball-museum.or.jp/

（文献検索はできるが、現在、コピーのサービスは行っていない。）

◎わが国の野球学会

①『野球文化學會』一九九九年設立

設立主旨「野球を人類不朽の文化とし、学問としての野球を確立する」

入会金　千円、正会員　五千円（年）、購読会員　千五百円（年）、学生会員　三千円（年）

（事務局）機関誌『ベースボーロジー』発行。

〒一三三－〇〇五六　東京都江戸川区南小岩六－一〇－五　汀書房内

電話　〇三－六四五八－九九五九

http://baseballogy.jp/

②『日本野球学会』二〇一三年設立（旧『日本野球科学研究会』、令和五年度改称）

設立主旨「野球の総合的科学的研究の確立」毎年、研究発表大会を開催。研究者が中心（事務局）で専門的、技術的研究が中心。

〒九八九－一六九三　宮城県柴田郡柴田町船岡南二－二－十八　仙台大学大学院スポーツ科学研究科内

入会金　千円、正会員　四千円（年）

E-mail: baseball.science2013@gmail.com

◎アメリカの野球学会及び研究団体

①Society for American Baseball Research（略称 SABR　アメリカ野球研究学会）

一九七一年創立　会員数　数千名（野球史研究者、歴史家、スポーツライター、弁護士、教師、軍人、メディア関係者等々、あらゆる分野の野球好きが集まっている。）

年一度の総会。機関誌 *National Pastime* や *Baseball-Research Journal* 等発行。現状はネット通信が中心。ショップあり。

（会費）
スタンダード会員（一年　六五ドル、三年　一七五ドル、五年　二四九ドル）
シニア会員六五歳以上（一年　四五ドル、三年　一二九ドル）
学生会員（一年　二五ドル）
外国会員は以上に十九ドル追加
（事務局）
Cronkite School at Arizona State University 555N Central Ave #460-C
Phoenix Arizona 85004, U.S.A.
http://sabr.org

②All-American Girls Professional Baseball League Players Association, Inc.（通称 AAGPBL　全米女子プロ野球リーグ選手協会）
もとは、メジャーリーグの「シカゴカブス」（Chicago Cubs）のオーナーP・K・リグレー（P. Wrigley）の発案で生まれた女子プロ野球リーグ。一九四三年－一九五四年、第二次世界大戦中から戦後まで続いた。現状旧会員やボランティア会員を中心に会の運営が行われている。わが国では、マドンナ主演映画『プリティリーグ』で知られるようになった。角川文庫版がある。二〇一九年、女子野球を支援するＮＰＯ組織を結成。
Touching Bases（年三回）ネット上で配信
（会費）賛助会員、選手以外の会員　一年　四〇ドル、学生一年　二〇ドル
http://aagpbl.org

「あとがき」にかえて

生きる哀しみ

肉体の若き時は
わが心熟さず
わが心やや熟せし時は
肉体は衰えり
寂しきことかな

現在の私の心境である。

戦前期の女子野球について調べようと思ったきっかけは誠に偶然によるものであった。

『軟式野球史』の中で大正時代に和歌山高等女学校、粉河高等女学校、橋本高等女学校などが軟式野球に打ち込んでいたことを知り誠に驚いたことがきっかけであった。

「史実を物語に書く」という「歴史」の本質からいえば、わが国の女子野球史のストーリーは短い。ただ明治、大正から昭和の時代も、近年の研究で少しずつ明らかにされており、戦後についても、研究が進んでいる。そして二十一世紀、女子野球は、小学生から大学、社会人まで全国大会が行われており『戦前、戦後、二十一世紀日本女子野球史』が書かれる日も遠くないのかもしれない。

柳繁代さん、加藤冬さん、小畑こうさんからお伺いした話の内容は、彼女たちが心躍らせ、一生懸命に楽しく野球をやったということであった。そして、十代半ばに経験した野球が今も心の中に生きているということにナラティブ・ヒストリーを聞いているようで私は心から感服し、感激したことであった。

私個人はアジア・太平洋戦争敗戦の年（一九四五）旧制国民学校一年生であった。皆貧しくいつも腹をすかせ、サツマイモやニンジンを生で食べ、食用ガエルも捕って食べた。遊び道具などなにもなく、小石を布で巻いてボールをつくり、木の枝でバットをつくり、学校の始業前や、授業が終わって校庭やお寺の境内で、人数にあわせてルールをつくり暗くなってボールが見えなくなってもまだ続けたというくらい皆野球に熱中していた時代であった。藤村、川上、大下、西沢、稲尾、中西ら往年の名選手の全盛期の時代である。

「六三制　野球ばかりが　うまくなり」といわれた世代で、小学校の部活から中学、高校、大学では準硬式野球部に入って野球を続け、野球が生活と思想の一部になっていた。

大学を卒業し、愛知県知多半島の南海上にある篠島中学校へ勤めることになった。一九六二（昭和三七）年当時の島の人は約三八〇〇人、中学は九クラス、生徒数三四〇人であった。島の観光地化、子どもたちの進路問題など多くの問題に直面していた。私は野球部の顧問になった。漁師の子どもたちは体格もよく元気で腕白揃いであったが野球はいまいちというところであった。そこで一番腕白な生徒をキャプテンにした。そういう子も役割を与えられると一生懸命になって部をまとめるようになっていった。他の腕白連中が練習中に私がピッチャーをやり三振をとって切りきり舞いをさせたことは、今となってみれば遠い記憶の一コマとなった（ちなみに、令和三年三月末現在島の人口は一五八一人、令和五年度の中学の生徒数は四〇人である）。

女子大学へ移り、「私たち野球がやりたい」という学生たちと一緒に軟式野球部をつくったのは一九九一（平成三）年冬のことであった。そして翌一九九二年から富山県魚津市で開催される全国大会へ参加した。以来、十五年連続で参加した。体育系大学は選手層も厚く強豪校ばかりであったが互角に戦った忘れられない試合もいくつか思い出の中にある。

少数の部員にソフトボールの経験者はいたが全員が野球そのものが生まれてはじめてで、ボールの握り方、投げ方、バットの持ち方、スイングの方法からはじめるので誠に大変なことではあった。退部する学生はほとんどなく「野球というゲームの楽しさ」があったのだと思うが、私のモットーは、「野球は見るもたのし、プレーすればもっと楽し」であった。ゲームである以上、勝敗を争うわけで勝つことも大切であるが、野球というルールの複雑なスポーツから学ぶことは多い。勝った時の歓び、敗けた時の悔しさ、練習や試合にかける意気込み、友情等々。しかし一番の記憶は試合中の一球にかける緊張感ではないだろうか。あの張りつめた球場の空気は今も忘れられないものである。

子規は地獄へ行ってもベースボールをやろうというくらいの「野球狂」であった。

俳句、短歌、随筆、小説とそのジャンルは多岐にわたるが、結核で寝たきりの生活の中で、あの精神の透明性、高潔性はどこから来るのか、私が子規に魅かれるのは、その一点である。

多くの弟子に慕われ、いつも来客の絶えなかった子規の家。俳句、短歌の革新を訴え「写実主義」を貫いたその心意気。病床日誌に自ら偽りなく書かれた子規の精神は、百二十年後の今、私の前にある。

私の好きな子規の短歌

眞砂ナス数ナキ星ノ其中ニ
吾ニ向ヒテ光ル星アリ

私が「子規記念博物館」の「はがき歌」に応募したものがある。

ベースボール「一寸、お貸しの」と
バット持つ
君にノックを頼みたし（佳作入選）

（これは、子規が松山に帰った折、ベースボールをしていた高浜虚子らの練習をみて、「一寸、お貸しの」といってバットを借りてノックをした折の事を詠んだものである。）

子規には遠く及ばないが私も短歌、俳句に挑戦してみた。

ベースボール、「野球」（のぼーる）と名付けし
球遊子
地獄で野球と閻魔も舌巻く

まなうらに
ベースボールの
春近し

本文中の子規の章の最終部分で、私はわが国のスポーツの危機感について書いた。それは決して野球も例外ではない。

日本人は野球好きな国民である。高校野球が大好きな人も多い。私も野球大好き人間である。「甲子園球場」が高校野球の「聖地」となったのはいつごろからであろうか。戦前であることはまちがいない。アメリカにも野球場を「聖地」(Hallowed Ground)という呼び方があるが、わが国のように高校野球に限られたものではなく、宗教的意味もない。

わが国の高校野球は、「勝利至上主義」「没個性集団主義」的側面が強いところがみられる。毎夏の全国大会はマス・メディアも大々的に取り上げ、一大国民イベントになっている。

大会は地方大会からトーナメント方式で行われ、一度の敗戦も許されない厳しい試合の連続である。各高校は、いきおい勝利にこだわる試合、選手起用となる。

こうして強豪高校には甲子園目指して中学生のクラブチームの優秀な選手が集まってくる。今や郷土の代表という特色はうすれ、強豪校の部員は、大会、交流試合、練習試合と練習に明け暮れた生活を送ることになる。今は、高校野球は一部ノンプロ化しつつあるといったらいいすぎであろうか。

真夏の暑さの中での試合についても健康上の問題が指摘されている。

今夏(二〇二三年)は全国的に連日のように猛暑日が続いた。

環境省は「運動に関する指針」として、気温三一度から三五度は「厳重注意」(激しい運動は中止)、三五度以上は「運動は原則中止」と規定している。今夏の大会では、三五度を超えた日も試合が行われた。

高校生のための野球、教育の一環としての野球について考える必要があるのではないだろうか。トーナメントの熱戦が「高校野球らしく好きだ」とか、「野球一途に戦う姿勢が球児らしい」という考えもあるが、今一度、高校野球のあり方（それはすべてのスポーツのあり方に通じる）を考える時期にきている。

現在、野球人口は年々減少し、サッカー人気に押され、サッカー人口の方が多くなっている（二〇歳以上の野球人口約二六八万人、サッカー人口約三〇九万人、「笹川スポーツ財団」二〇二二年調査）。

高野連（公益財団法人日本高等学校野球連盟）は高校総体組織（全国高等学校体育連盟）に属さず、春の「選抜高等学校野球大会」は毎日新聞社と、夏の「全国高等学校野球選手権大会」は朝日新聞社と共同主催という独特な形で行われている。

投手に特別に負担がかかる野球に「投球数制限」を設ける規定がようやく動き出した。相当以前かららいわれていた問題であるが遅きに失した感は否めない。

「教育の一環としての部活動」といわれながら不祥事はあとを断たない。新聞紙上でみる限り、監督、コーチによる不祥事が最も多い。「指導者教育」が遅れていることも指摘されていながら進んでいない。高野連の組織体制にも問題がありはしないだろうか。

戦前の「女子野球」も現在の高校野球も「教科外活動」であり、「課外（教育）活動」「部活動」として行われてきたものである。しかし、今日、他のスポーツ種目や文化活動も盛んとなり学校教育中であまりに肥大化して、時に「ブラック部活」といわれることは、大いに反省すべき点があると考えられる。

二一世紀の今日、野球の発展のために今一度、私たちも真剣に考える必要があると思われてならない。(玉木・小林『真夏の甲子園はいらない』他、軍司氏、氏原氏の著作や他の著作が参考になりました。文献欄、一四八頁)

ここで、軟式野球についてふれておきたい。

軟式野球ボールは、わが国で創案された、ゴムを原材料とするもので外国にはみられないものである。大正時代中ごろ、京都のゴム靴店を経営していた鈴鹿榮が子ども用ゴムボールを考案した。その後、糸井浅治郎らと同好会で研究を重ね新しい軟式ボールを考案し、一九一七(大正六)年、京都少年野球大会を開催した。一九二〇(大正九)年、第一回全国少年野球大会は二六チームが参加して行われた。大会はA組中学校(旧制)、B組小学校とに分かれて行われた。

百年後の今日、軟式野球は、成人チーム、還暦チーム、大学、高校、中学校、小学校チーム、女子チームを含めると硬式野球人口を相当数上廻っている。現在、全野球人口(競技統括団体の選手登録者数)は一〇一万七五八四人で、硬式は二三万六九六六人、軟式は七八万六一八人である(日本野球協議会　普及・振興委員調査、二〇二二年)。

最近十年間で野球人口は約六〇万人減少しているが、軟式野球人口の占める割合は大きく、軟式野球の方が参加しやすいものとなっているといえる。ちなみに、準硬式野球ボールもわが国独自のものである。大学の全国連盟があり、私は四年間、準硬式野球部で学生生活を送った。

近年、女子硬式野球チームの普及につれ、メディアでは硬式野球が大々的に取りあげられることが多い。しかし、太平洋戦争直後の女子野球は軟式が主流であったし、筆者が理事長を努めた「全日本大学女子野球連盟」は、一九八七年の結成以来、三七年の歴史をもつ軟式野球連盟であり、一般女子、高校生、中学生の参加する「全日本女子軟式野球連盟」も軟式野球連盟である。

国際的には硬式野球が主流であるが、軟式野球、人口は少ないが準硬式野球も、もっと認識されてもよいのではないかと思われる。

国際人権団体NPO「ヒューマン・ライツ・ウォッチ」(Human Rights Watch 一九七八年創立)が「数えきれないほど叩かれて——日本のスポーツにおける子どもの虐待」"I Was Hit So Many Times I Can't Count: Abuse of Child Athletes in Japan" (July 20, 2020) と題する調査結果を発表した(二〇二〇年七月)。

それによると、二〇〇〇人対象調査は十一・五%(日本オリンピック委員会調査)、四〇〇〇人の学生対象は二〇・五%(全国大学体育連盟調査)が種々の体罰を受けていることがわかった。恐るべき数字である。内容は、殴る、蹴る、言葉による暴力、過度な練習強要、性虐待など多岐にわたり、自殺事件も起きている。

学校教育の現場における体罰禁止については早く、一八七三(明治六)年六月に「小学生徒心得」

において、文部省が学校罰を規定しているが、一八七九（明治十二）年の「教育令」第四六条に「凡学校ニ於テハ生徒ニ体罰（殴チ或ハ縛スルノ類）ヲ加フヘカラス」と規定されている。

そして現在の「学校教育法」（一九四七年制定）第十一条には「校長及び教員は、教育上必要があると認めるときは、（中略）懲戒を加えることができる。但し、体罰を加えることはできない。」と規定されている。懲戒と体罰の境界について文部省は具体例を挙げている。体罰は時に刑事罰にも相当することがある犯罪行為であるが一向に減らないのはどうしてか。日本社会の問題なのか、日本人の心性の中に体罰を許容するものがあるのだろうか。

作田啓一（社会学者）は「日本の軍隊は日本社会の縮図である」と述べたが、「日本の部活は日本の社会の縮図である」ともいえる。つまり、日本社会には常に暴力が存在しており、政治も文部科学省も教育委員会もスポーツ団体の指導者もそれを知っているが黙認しているところに問題がある。

優力校に集まる選手やその親や関係者（顧問、部長、監督、コーチなど）が「強くなるためには暴力は仕方がない」とか、逆に「厳しさを求める」風潮もあるやに聞く。嘆かわしいことである。「勝てば暴力も虐待も許され「美化」されることに問題がある。

この一文を書いている時に、日本大学ラグビー部におけるコーチによる体罰＝虐待事件が報道された。学生の頭部に爪楊枝を七本突き立て街中を歩かせたというサディスティックでおぞましい事件である。

人権意識はないかの如くである。スポーツ指導者・関係者の「指導者教育」の徹底が望まれるところである（竹内通夫「スポーツ、その指導と体罰について——果たして、体罰はなくせるか」スポーツ史学会会報『ひすぽ』第八六号、二〇一三年十月)。

本書の執筆は多くの方々にお世話になりました。ここに厚くお礼申し上げます。大正期の女子軟式野球で活躍された柳繁代さん、加藤冬さん、小畑こうさんに、当時の女子野球について直接お話を伺うことができたことは、誠にうれしく、女子野球史の貴重な記録となりました。越原学園越原一郎元理事長には、筆者が金城学院大学勤務当時から、キッツンボールに関する多くの資料を快くご提供くださったことに特に感謝申し上げたいと思います。

庄司節子先生（名古屋経済大学名誉教授）、『女たちのプレーボール』の桑原稲敏さん、加藤冬さんのご子息加藤吉史さん、小畑こうさんのお孫さんの小畑順司さん、愛知淑徳学園、日本女子大学成瀬記念館、和歌山県立桐蔭高等学校、愛媛県立今治北高等学校、同校橋本伸一教頭並びに同窓会、宮城県仙台二華高等学校、同校菅原紀子教頭並びに同窓会、長野県諏訪二葉高等学校同窓会岸晶代代表、愛知県立半田高等学校同窓会、大阪府立港高等学校、野球殿堂博物館図書室、軟式野球博物館、国立国会図書館、愛知県図書館。

女子野球についてお話をお聞きした方々、柳さん、加藤さん、ご子息吉史さん、小畑さん、桑原さんは鬼籍に入られました。ここに心からご冥福をお祈り申し上げます。

庄司節子先生は、女子野球特にキッツンボールの先駆的研究をされており、今回、多くの資料を提供してくださり、種々お話をお伺いできたことは誠に幸いであった。

永田陽一さんは、日米野球史の研究家で、大著『東京ジャイアンツ北米大陸遠征記』など多数の著作があり、「アメリカ野球研究学会」（SABR）や「野球文化學会」でお世話になった。

池井優先生（慶應大学名誉教授）は私に「アメリカ野球研究学会」への入会を勧めてくださった。

佐山和夫さんに日米野球について多くの示唆をいただいた。野球史に関する著作の数は驚くべきものがある。

全米女子プロ野球リーグ（AAGPBL 1943–1954）の試合の一場面

（G. Ward, *Baseball 1995 Calendar*, Alfred Knopf, U.S.A., 1994）

パ・リーグ元審判員故中村浩道さんから、プロ野球のこと、審判員の苦労話について、後にニューヨーク勤務になってからは、メジャーリーグの情報や審判専門誌（Referee 誌（レフェリー））を送ってくださった。

アメリカのウィリアム・バーガー（William Berger）さんは、アメリカフロリダ州マイアミで弁護士を開業しており、「アメリカ野球研究学会」会員で澤村榮治投手について調査のため来日し、伊勢球場にある澤村の胸像や墓所を案内したことがあり、現在も交流が続いている。

その折、宇治山田小学校、京都商業で澤村榮治投手とバッテリーを組み捕手を務めた山口千万石さんに澤村のことについてお聞きできたことは誠に幸いであった。当時、山口さんは少年野球の指導をしておられ夏の暑い中かけつけてくださった。「私の左手の第一関節は曲ったままです。榮ちゃんの球は、速くて重かったですから。」とその手をみせてくださったのが強く印象に残っている。

フィドラー（Merrie A. Fidler）さんは修士論文を送ってくださり、妹さんが癌で入院中の病院から手紙をくださいました。感謝申し上げます。その修士論文を後に『「全米女子プロ野球リーグ」（AAGPBL）の起源と歴史』という大著に完成されたことは喜ばしい限りである（アメリカ女子野球文献欄に掲載）。フィドラーさんは、現在、「アメリカ女子野球協会」（AGB Inc.）の役員をしておられる。

全日本大学女子野球連盟の全国大会においても多くの方にお世話になったことは忘れ難い思い出である。

大会組織委員や実行委員会の方々、東海・関西地区リーグ戦でお互い大阪－名古屋を行き来し、夏の全国大会でも役員としてお世話になった西田文男先生（帝塚山学院大学名誉教授）。大会役員として組織・運営の改革を積極的に進めてくださった中澤興起先生（千葉商科大学名誉教授）。お二人共に鬼籍に入られてしまわれた。共に改革に協力し合い、これからもいろいろとお聞きしたいこと、お話ししたいことがたくさんありました。残念無念というほかありません。

大会実行委員会では魚津市の若林忠嗣さんほか多くの方々にお世話になりました。

故南崎昌彦先生。三重県高等学校野球連盟理事を務められ、自ら高校野球の監督を務められ、女子野球にも関心をもたれ、度々お手紙をくださったがついにお会いすることなく先に旅立たれてしまわれた。かえすがえすも残念であり私の怠情を責めるばかりである。ご冥福をお祈り申しあげます。残された厖大な野球関係蔵書は現在、日本体育大学図書館に寄贈されている（目録名については文献欄に掲載）。

最近の女子プロ野球の資料をたくさんお送りくださった野球史研究家堀俊明さん。

そして、アメリカイリノイ大学でお会いし、共に広島カープファンの森𣛧先生（広島大学名誉教授）には、広島球場へ応援にでかけたり、野球談議に花を咲かせた楽しくなつかしい思い出があります。ご健在で何よりに思っております。

上田薫先生（元名古屋大学教授、元都留文科大学学長他、哲学者西田幾多郎の直孫）。戦後の文部省で新しい科目「社会科」の学習指導要領を作成されたのが二〇歳代半ば、以後、「動的相対主義」という独自の教育理論を確立、「社会科の初志をつらぬく会」の中心メンバーとして六十年、孤軍奮闘、多くの教育論争をひとりで闘った。私は、名古屋大学大学院ではじめて講義を受け感銘を受けた。いつも孤独の蔭を感じた。

背丈を超える膨大な著作に残されている上田教育論は汲めども尽きぬ大きな大河となって教育界に流れている。

上田先生の野球に関するエッセイは味わい深い。

小学校四年生の時、甲子園の高校野球の夏の大会の第一試合から決勝戦まで全試合を毎日ひとりで観戦したといわれるから並の野球好きではできないことである。

野球論、技術論、往年の名選手たちのお話をお聞きしていて、上田先生は、強豪チームより弱小チームの選手ひとりひとりの個性をみてチームを育てあげる監督にふさわしいのではないかと思ったりした。

色紙にいただいたのは、次のことばであった。

「中秋、共に語る楽しみ
古き野球を懐かしむ
私を野球が育ててくれたと思う。　薫」

九十歳を超えて著作を書かれ、エッセイも書かれ、俳句にも打ち込んでおられたが、二〇一九年初秋、白寿のお祝いのあと天寿を全うされた。教育論、野球論、どちらも私には大きな財産であり、先生のご冥福を祈るばかりである。

今回の執筆に関して左記の文献について各々ご承諾いただきました。

本書のもとになった二つの文は、筆者が「野球文化學会」の『ベースボーロジー』誌に発表したものである。

「わが国における女子野球の歴史——明治大正期を中心として」『ベースボーロジー』第十号　二〇〇九
「子規とベースボール」『ベースボーロジー』第十一号　二〇一〇
今回、各々に訂正、新しい資料をいくつか追加した。各々掲載について快諾いただいたことに感謝申し上げます。
また最初に「戦前の女子野球」についての記事の執筆を勧めてくださった朝日新聞の宮崎健二さんにも感謝申し上げたい。
巻末付論2の英文（*Japanese Womens Baseball*, McFarland & Co., U.S.A., 2006）は、編者のオハイオ州立大学のヒーフィイ（Dr. Leslie Heaphy）さんに承諾いただいた。

学生と共に毎年、春の合宿でお世話になった清風荘の故安田學観さんとご家族の方々、野球場の管理責任者大岩日出夫さんも私の野球史に忘れてはいけない方々である。

そして最後に忘れてはならないのは、女子野球をはじめるきっかけになった金城学院大学野球チーム「金城リリーズ」（Kinjo Lillys）の学生（現在は卒業生）の皆さんのことである。練習、遠征、合宿、夏の全国大会と、楽しい事も苦しかった事も共にした経験は、今や私にとって人生の貴重な経験となり、なつかしい想い出である。

故讃岐和家先生（元金城学院大学学長）は「金城リリーズ」創設当初から女子野球についてご理

解、ご支援くださり、魚津市での全国大会に駆けつけてくださり炎天下のもと二日間にわたって応援してくださいました。ここに厚くお礼申し上げます。

水野秀夫先生（静岡大学名誉教授、金城学院大学特任教授、前日本畜産学会会長）は二〇二〇年、急逝された。金城リリーズの魚津の全国大会に応援に駆けつけてくださいました。メールでやり取りし、亡くなられるつい一週間前にお電話で元気にお話をしたばかりでした。ここにご冥福をお祈り申し上げます。

讃岐和家（元金城学院大学学長）と筆者（左）
（富山県魚津市桃山球場にて）

水野先生と山口正久先生（前金城学院大学教授、民法、製造物責任法――PL法）、お二人の先生にはその間、チームを応援し私を支えてくださったことに心から感謝申しあげる次第です。

今回の「女子野球史」というテーマは「女子教育史」「女子体育史・女子スポーツ史」あるいは「課外（部活）教育史」に関連するものであるので教育学研究でご指導いただいた名古屋大学教育学部の恩師の先生方にも感謝申しあげたいと思う。

故田浦武雄先生（教育哲学）、故江藤恭二先生（西洋教育史）、故潮木守一先生（教育社会学）、故小嶋秀夫先生（発達心理学）。

先輩諸氏にも感謝申し上げたい。

宍戸健夫先生（愛知県立大学名誉教授）、平光昭久先生（椙山女学園大学名誉教授）、故鈴木正幸先生（神戸大学名誉教授）、加藤幸次先生（上智大学名誉教授）。

鈴木善次先生（大阪教育大学名誉教授、前日本環境教育学会会長、科学史）にはレイチェル・カーソン日本協会でお会いして以来、地球環境問題や近代文明と科学技術について多くを教えていただき感謝申し上げます。

また学生時代からの友人水野利亮君とは六十年以上の付き合いになる。よくぞここまで付き合ってくださったことに感謝します。

本文で取り上げた知多高女は私の母校半田高等学校（戦後の新制度により旧半田中学校と統合）であり記録にある大正期に私の母が在学していた時期と重なるので、何も聞くことはなかったけれど或は母は試合を見ていたかもしれないと感慨深いものがある。

本書の校正中に、神楽坂淳原作『大正野球娘。』というライトノベルの刊行をネットで知り驚いた。現在、小学館時代小説文庫として第三巻まで刊行されている（二〇二〇年七月現在。過去に、漫画版、DVD版、ドラマCD版が作成、刊行されて発売されている）。

内容は、大正期に九人の女学生が「女は結婚して家庭に入る」に反発し、アメリカ人女性英語教師を野球部の監督に、チーム名「櫻花會」として活躍する物語である。

一九八〇年代に全日本大学女子野球連盟、社会人女子野球連盟がつくられ今世紀になって硬式、軟式チームや連盟がつくられたことに「大正野球娘。」は触発され、また女子野球への関心を高めることに貢献していることも考えられる。

この度、取り上げた内容は私の専門外のスポーツ史、野球史であるので至らぬ点の多い事と思います。ご批判、ご叱正をお願いしたいと思います。

一九一八年から一九二〇年にかけて世界は「スペイン風邪」といわれるインフルエンザの流行によるパンデミックに襲われた。

明治・大正期のインドア・ベースボール、キッツンボール、軟式野球を戦った女学生たちはそのパンデミックを乗り越え、白球に青春をかけて戦ったのである。今、私たちは新型コロナウイルス禍に見舞われているが、一日も早くこれを乗り越え新たなスポーツの地平を切り開くことができる日を切望するばかりである。

本書をインドア・ベースボール、キッツンボール、野球に青春をかけた女学生ならびに彼女たちを支えた教師、家族、関係者の方々に捧げたいと思います。

最後に、野球好きの私が野球に貢献できた貴重な機会があったことを書き加えたいと思う。『中日新聞』二〇二三年七月三日（夕刊）に「ハンセン病患者　白球を追った青春」と題し、「熊本療養所ユニフォーム復活」「戦争　病気　差別からの解放」と熊本の菊池恵楓園の野球の歴史が紹介された。

その中で、当時のユニフォームを写真や記憶を頼りに復元し、療養所資料館の展示会に展示されている写真と記事が掲載されていた。

私はその記事を読んで、私の持っている昭和二〇年代から三〇年代のグローブ、キャッチャーミット、キャッチャーマスク、軟式ボール、バット、当時の『野球界』などの野球雑誌の寄贈を思い立ち、連絡の結果、受け取ってくださるとの返事をいただき寄贈することができた。

そして、数日して展示中の等身大の〝野球選手〟二人が復元されたユニフォームに私が寄贈したグローブ、ミット、マスクを持った写真を送ってくださった。

療養所の皆さんが当時を思い起こし大変喜んでくださったとの返信をいただき、私は感慨一入である。

恵楓園では戦前から野球部がつくられ、静岡、東京、青森などの療養所のチームとの交流試合や園内における春秋のリーグ戦、地元の企業、高校生との交流試合を行ってきた歴史があり、それらは『恵楓園野球史』にまとめられており、私にも送ってくださった。

私と同年代の方々が野球に賭けた青春は私も全く同じ気持ちであり、「野球は一生の宝物」である。

今回の出版もまた「あるむ」の鈴木忠宏社長、資料探索に助力してくださった舞木望さんにお世話になりましたことに感謝致します。

二〇二三年十二月　全世界的コロナ禍とインフルエンザ流行の続く名古屋にて

竹内通夫

著者略歴

竹内　通夫（たけうち　みちお）

一九三九年、名古屋生まれ。
愛知学芸大学（現愛知教育大学）卒業後、僻地・離島・漁村（愛知県篠島中学校）に勤務。その後、名古屋大学大学院教育学研究科博士課程満期修了。教育学博士。柳城女子短期大学（現名古屋柳城女子大学）、名古屋女子大学特任教授、金城学院大学名誉教授。
アメリカウィスコンシン大学客員研究員
全日本大学女子野球連盟元理事長
レイチェル・カーソン日本協会元副理事長
アメリカ野球研究学会会員（SABR, Society for American Baseball Research）
アメリカ女子野球連盟会員（AAGPBL, All-American Girls Professional Baseball League Association）
松山子規会会員

〈主要著書〉
・『現代幼児教育論史』（風媒社、一九八一　日本保育学会賞）、『幼児の発達と環境』（高文堂　一九八八）、『戦後幼児教育問題史』（風媒社、二〇一一）、『ピアジェの構成主義と教育』（あるむ、二〇一五）他。

・Michio Takeuchi, Children's Play in Japan, in James Johnson, *Children's Play in Diverse Cultures*, State University of New York Press, U.S.A., 1994（共著）

・Michio Takeuchi & Ralph Scott, *New Directions for Early Childhood Education and Care in the 21st Century: International Perspectives*, Martin Quam Press, U.S.A., 2006（編著）

（女子野球に関するもの）

・Michio Takeuchi, Japanese Women's Baseball, in L. Heaphy et al. Eds., *Encyclopedia of Women and Baseball*, McFarland & Co., U.S.A.（論文）

「六三制　野球ばかりが　うまくなり」の戦後焼跡世代。小学校・中学校・高校時代は軟式野球、大学は準硬式野球と野球一筋。学生時代は四年間でなんとか打率三割を維持しました。

金城学院大学で「私たちソフトボールでなく野球がやりたい」という学生と東海地区初の大学女子野球チーム「金城リリーズ」（KINJO Lillys）を結成し、十五年間、部長、監督、コーチを兼任。全国大会（毎夏、富山県魚津市にて約三〇大学が参加・開催）に出場。体育大学五大学と対戦し、ベスト8入り五回。「野球は見るも楽し。プレーするはもっと楽し。」がモットーです。

今回の著書に関して事実の記録や女子野球に関して新しい情報がございましたら、左記あてにご連絡いただけましたら幸いに思います。

○ E-mail: takeuchi1939@yahoo.co.jp　〒四五一－〇〇七七　名古屋市西区笹塚町二－八六－四〇八

付論2　「日本の女子野球」

Japanese Women's Baseball

Michio TAKEUCHI

History of Baseball in Japan

In the Meiji Period (1868–1912), about 150 years ago, baseball was introduced into Japan along with many other Western sports. At first, baseball in Japan was introduced into schools as an extracurricular activity.

The first school in Japan to adopt baseball was the First Middle School (original of Tokyo University) or Kaitakusi-kari-Gakko (original of Hokkaido University) around 1872 or 1873.

Horace Wilson (1843–1927), an English teacher at the First Middle School, introduced the game. He became an inductee of the Baseball Hall of Fame in Tokyo in 2003. The illustration of children playing baseball was carried in a school textbook of the early Meiji period (1872).

The Widespread Popularity of Baseball

Many sports such as Japanese archery (kyudo), Judo, Japanese fencing (Kendo), tennis, boating, bicycling, apparatus gymnastics and baseball gradually became part of middle school sports activities all over the country. Above all, baseball became the most popular sport imported as part of the Meiji Restration (1868).

The special character of the development of baseball in middle school education came through its connection to the spirits of the Japanese martial arts (Budo). In playing baseball, the main point was not the pleasure and liberation of body and soul, but rather the formation of the spirit of self and group control and the unity of the team. The spirit of totalitarianism strongly dominated in baseball.

The term "baseball" was interpreted as "Yakyu" (「野球」 in Japa-

nese) by Kanoe Chuman (1871–1932) in 1895. Baseball is now the national pastime in Japan. People usually use the term “Yakyu,” not “Baseball,” indicating that the game has become Japanese and does not look like the American game of baseball.

Women’s Baseball in Japanese Baseball History

When and where did women’s baseball begin? The origins are uncertain. In literature we can see that the first game was played at Nippon Women’s University in 1902. Kikujiro Shirai, a physical education teacher, improved on the English game of Rounders. Students played by hitting a soft rubber ball with a tennis racket on a pentagonal field.

The second oldest women’s baseball reference was a book at Kyoto First Elementary School in 1903. The title is *How to Play Baseball for Little Girls*. This book says baseball is a good sport to foster group spirit, individual responsibility, an independent mind and a healthy body.

Female students played by almost the same rules as today. A

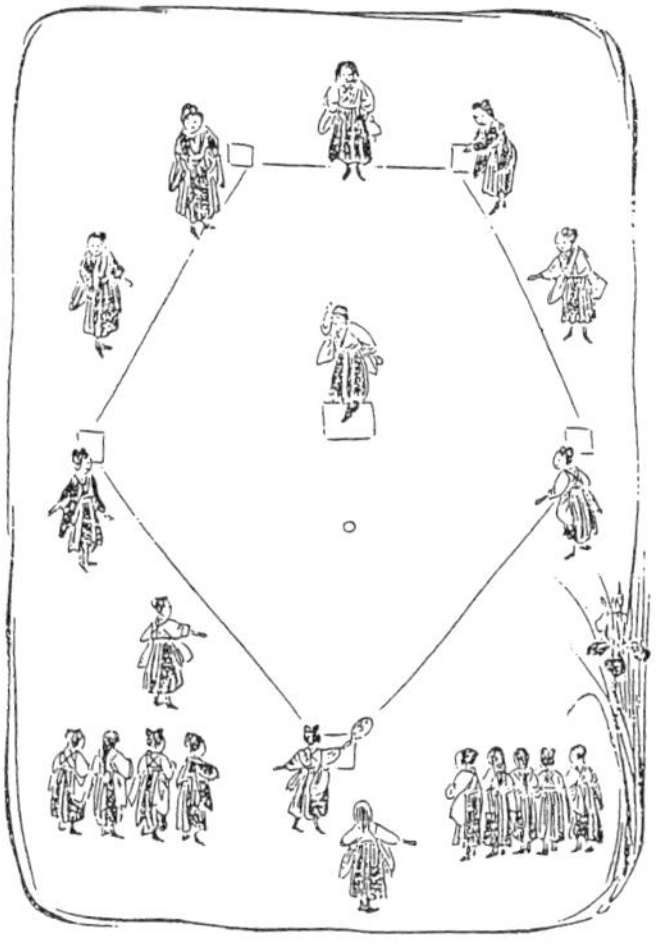

Fig. 1 “Base” applied from Roundball in Nippon Women’s High School, 1902 (Baba, 1990)

pitcher threw a soft ball with an underhand motion. We can see a lot of baseball terms used today already in use at the beginning of the twentieth century. They are as follows: play ball, strike, ball, hit, out, safe, double play, runner, grounder. We have lots of Japanese-English baseball terms today as well. Two examples are "four ball" ("walk" in English) and "full base" ("bases are loaded").

The Rise of Kitten-Ball and Playground Ball

After World War I, the cultural philosophy of liberalism was introduced into the various areas of academics and sports in Japan.

Tennis, handball and figure skating were introduced into Japan.

Several physical education schools were established, and some sports magazines were also published. The first professional baseball team was organized in Tokyo in 1921.

The first game of Kitten-ball was introduced to Nagoya Women's High School (now Nagoya Women's High School) by the principal Yamato Koshihara in 1916.

In 1918, Kitten-ball also began in Aichi Shukutoku Women's High School (now Aichi Shukutoku High School) in Nagoya and Imabari Women's High School in Ehime. Kitten-ball was called "playground baseball" or "indoor baseball" or "Yakyu" or simply

Fig. 2 Kitten-ball in Nagoya Women's High School (Umpire is Pricipal Koshihara), Yakyukai Magazine, 1919

"base" at that time. Kitten-ball is what some people today call "softball."

KOSHIHARA emphasized the necessity of women's physical education, and Indoor-ball fit the bill nicery in helping to develop their physical and mental health. He stressed the merits of baseball, which developed brain function, better behavior, physical strength, stronger personality and mental strength. He was one of the pioneers of women's physical education in modern Japan. From 1923 through 1925, six Kitten-ball tournaments were held in Nagoya, Central Japan. Nagoya Women's High School won the championship three times.

Unique Japanese Baseball

Great numbers of people play baseball in Japan today using a rubber ball that is not so hard as the leather ball, but softer and more elastic. This ball was invented by the members of Kyoto Boys' Baseball Association in 1919. Sakae SUZUKA and Asajiro ITOI, as the leading members, invented the ball as appropriate in size, weight, safety, and price for schoolboys and girls.

There are three kinds of rubber balls used today in Japan. They are called M and J balls. The "M" ball is for men's baseball of adult, college, high school, middle school and women's leagues level (140g weight), the "J" ball is for primary school leagues (130g weight). The "H" ball is for adult men's and college teams only; the ball is hard like the leather ball, however the ball is not empty inside, and the outside is made of rubber (145g weight).

Women's Baseball Begins

In 1922 baseball teams, using the rubber ball mentioned adove, were established. They were at Wakayama Women's High School, Hashimoto Women's High School and Kokawa Women's High School, Wakayama Prefecture, near Osaka. Soon after, Ichioka Women's High School and Sennan Women's High School in Osaka developed their own baseball teams as well.

The year 1924 became the history-making year in the history of women's baseball in Japan.

The First National Women's Olympic Athletic Meet was held in Osaka in June 1924. Wakayama Women's High School defeated Kokawa to win the championship at that Meet.

Ms. Shigeyo YANAGI, a catcher for Wakayama, told Michio TAKEUCHI about women's baseball at that time: "Our teacher intensively instructed the baseball rules, techniques and terms of Baseball English. We made up our uniforms and played at least one hour a day."

However, just as baseball became popular, the Education Authority tried to stop women's baseball in Wakayama in 1926. The command was carried out in some other Prefectures as well. The reasons given to stop women's baseball were doubtful and mysterious. Through a thorough search and inquiry at the Prefectural Education Office it was determined that all data related to these orders was abolished. We can guess some reasons from the newspapers and the magazines at that time.

It may have been thought that baseball was not appropriate to women's bodies and that there was some danger of infertility. These same ideas had existed in the United States as well. Doctors tended to think too much physical exertion was not good for women.

Women's Baseball in Japan after World War II

Women's baseball had been a minor sport in Japan. However, the All Yokohama Women's Baseball Meet joined four teams including the Nissan Automobile Company, Victor Recording Company and others for a contest held in Yokohama in 1947, just two years after WWII.

By 1949 the first professional women's baseball team, the Romance Bluebirds, was organized. The All Japan Women's Baseball League was established in 1950. Twentyfive professional teams joined the league; it was a golden age just like that of the All American Girls Professional Baseball League in the U.S. from 1943 to 1954.

In 1952 the league was dissolved and restarted as a semiprofessional league to save money. The team representing the Hisamitsu Pharmatical Company visited Taiwan, Korea, the U.S. and Brazil to

play men's teams and came home with a winning rate of over 80 percent. However, all semiprofessional teams dissolved again until 1982. They could not seem to gain enough support to keep playing.

Three Kinds of Leagues in Today's Japan

The All Japan College Women's Baseball League was established in 1987 and they have held the national meet every August. The Thirty-fifth Annual Tournament Meet was held in August 2023 in Uozu, Toyama Prefecture beyond disaster of COVID-19. This college league has the longest history of a women's baseball league in the world. About 30 university and college teams play baseball in this league using the unique Japanese rubber ball.

An All Japan Women's Baseball League was founded as the second league for women in 1990. The members of the teams in this league came from club teams of adult women and college and high school students. It is a mix of semiprofessional and professional. They also use rubber balls at their games. Women players in these two leagues use official metal bats at all games. The last women's league is newest one and is the Women's High School League, established in 1997. Only about ten teams join the Annual Meet every year. They use the leather hard ball.

Fig. 3 All Japan College Women's Baseball Tournament in Uozu, Toyama, Japan

Japan has a lot of problems promoting and sustaining women's baseball, just as do other places around the world.

First, there was a lack of instructors; second, there was a lack of playground and sports facilities. Third, there are very few documents and little historical data on women's baseball. We have to hurry to fill in the blanks of the history of school physical education, sports history, and baseball history before it is too late and the poeple involved are all gone.

* This paper is revised this time. The original paper is in the following volume.

L. Heaphy ed., *Encyclopedia of Women and Baseball*, McFarland & Co., U.S.A., 2006.

新版　女學生たちのプレーボール

2024年2月20日　初版発行

著　者　竹内通夫 ©
装　幀　竹内　敦
発　行　株式会社 あるむ
〒460-0012 名古屋市中区千代田3-1-12 第三記念橋ビル
TEL (052)332-0861　FAX (052)332-0862
http://www.arm-p.co.jp　E-mail: arm@a.email.ne.jp
印刷／興和印刷　製本／渋谷文泉閣

ISBN 978-4-86333-201-0　C0075